AF291928

Indice

Primi

Contorni

I° CAPITOLO: INTRODUZIONE

Introduzione

In questa breve trattazione si parlerà della mozzarella di bufala a 360°. Dalle sue origini fino ad esaminare alcuni modi per servirla in tavola. Vuole essere un tributo alla bontà di un prodotto tipicamente italiano per farne ritrovare il gusto esaltante ed il valore unico e che rappresenta uno degli anelli di congiunzione, attraverso secoli di storia, tra pastorizia e arte culinaria.

Assaporare una mozzarella di bufala significa percorrere un misterioso viaggio attraverso i cinque sensi.

Vista, gusto, tatto, olfatto, udito: negli infiniti rimandi dell'estasi della percezione sono coinvolti tutti, fatalmente.

La vista

La prima ad essere interessata è la vista, che trae piacere dalla consistenza del colore e della sfoglia, si esalta alla visione del mare biondo (ora più chiaro, ora più ambrato) dell'olio.

Lo spettacolo della morbida opulenza della mozzarella di bufala fa pregustare delizie imminenti.

In questa prima fase si mangia ancora con gli occhi ed è bene indugiarvi un po' per accrescere il desiderio, ma non troppo: la mozzarella deve essere gustata tiepida, a temperatura ambiente.

Gusto e tatto

Già al primo assaggio esplode la sensazione del gusto, ma sarebbe troppo semplice ridurre tutto ad una questione di sapore: il calore e la consistenza sono altrettanto importanti.

Con un movimento leggero e prolungato, la mozzarella accarezza il palato: ecco che, sotto il delicato strato superficiale, la sfoglia, sottile e liscia, si scioglie ancora tiepida in bocca, sprigionando un cuore di morbido e fresco latte.

E' un'emozione coinvolgente, un dolce contrappunto di sapori, tepori, tenerezze, in cui gusto e tatto si confondono.

L'olfatto

Non è semplice stabilire dove finisce il gusto e comincia l'olfatto…

L'olfatto, che fra i sensi è il più antico, si inebria all'intenso respiro del latte, e trae godimento dalla delicata fragranza del bianco cuore fruttato.

E' un punto di non ritorno: la consapevolezza del piacere appena provato rende ancora più urgente il secondo assaggio…

L'udito

Per finire, perché il tripudio dei sensi sia completo, si consiglia di assaporare la mozzarella con un sottofondo musicale molto soft.

La liquida melodia del vino versato nei bicchieri farà il resto.

E visto che i sensi sono già accesi, l'ideale sarebbe gustarla in dolce compagnia…

Con tanti argomenti su cui scrivere e fra tanti di cui si è gia scritto, questo "libello", destinato al Lettore che ricerca stimoli ben precisi e che può trovare soddisfazione nei trattati monografici, si propone di tracciare una rapida strada che parte dalle origini ed arriva fin sulla nostra tavola.

Bisogna subito dire però, che sebbene la prima parte si occupi di trattare fatti puramente storici, cronologici, etnici e tecnici, non è meno interessante della parte dedicata alla trattazione di argomenti più tipicamente culinari.

Nello scrivere questo libricino, l'attenzione è sempre rimasta puntata al voler realizzare un "vademecum" sulla mozzarella, completo, con una prospettiva globale, che non trascurasse o non si soffermasse troppo su nulla, agile e scorrevole, di facile e felice consultazione.

Ringraziando tutti coloro che mi sono stati di aiuto e di sostegno nel realizzarlo, dedico questo libro in particolare a mia figlia Artemisia ed a mia moglie Anna.

II° CAPITOLO: DERIVAZIONE

Etimologia

Il nome deriva dal verbo "mozzare" che significa tagliare, azione tipica e manuale svolta dal casaro grazie alla quale prende forma la mozzarella. Questo termine infatti è stato coniato perché essa si prepara tagliando manualmente l'impasto per ottenerne forme più piccole.

E' interessante sapere che la denominazione di "Mozzarella di Bufala" è stata riconosciuta nel 1993 a livello nazionale con l'istituzione del marchio D. O. C. Denominazione di Origine Controllata e nel 1996 ebbe un ulteriore riconoscimento ma a livello europeo: prodotto a Denominazione d'Origine Protetta.

Vocabolari

In effetti se si esamina la struttura del termine 'mozzarella, si può rilevare che esso si presenta come una forma diminutiva, con insito anche una valenza non proprio positiva (riflessasi poi nell'aver assunto valore d'insulto): il termine primario è "mozza", di cui la più antica citazione sicura si ha prima del 1481 dal fiorentino Giovanni di Paolo Rucellai.

Anche se le denominazioni (mozza-provatura) variano a seconda dell'epoca e delle parlate, un fatto appare lampante e sicuro, cioè che tutte queste denominazioni hanno voluto indicare sempre quella che oggi viene chiamata "mozzarella", che è il principale e più apprezzato prodotto ottenuto dal latte di bufala. Infatti:

1. *"Mozza"* :

a) *sorta di cacio fatto col latte di bufala…omissis…(Dizionario degli Accademici della Crusca);*

b) *così chiamavansi certi piccoli caci chiusi in una vescica e legati a mezzo. Usano massimamente nel Napoletano dove chiamano mozzarella (Scarabrili, Vocabolario della Lingua Italiana);*

2. *"Provatura"* :

a) *formaggio di pasta molle fresco che si prepara nel Napoletano col latte di bufala (F. Palazzi, Dizionario della Lingua Italiana);*

b) *qualità di formaggio fresco che si fabbrica col latte di bufala (Tramater, Vocabolario Universale della Lingua Italiana);*

c) *di forma sferoidale, formaggio crudo di latte di bufala, da kg. 0,5 a 1 (Enciclopedia Italiana);*

d) *formaggio di bufala (Buffon – Caetani, Storia Naturale);*

3. *"Mozzarella":*

a) *qualità che si fabbrica col latte di bufala (Basilio Puoti, Vocabolario Napoletano –Toscano);*

b) latticino che non usa in Toscana ed al quale dovrà mantenersi il nome di mozzarella derivato da mozza (R. Andreoli, Vocabolario Napoletano – Italiano);

c) formaggio fresco di latte di bufala, voce napoletana mozza (C. Battista e G. Alessio, Dizionario Enciclopedico Italiano);

d) forma poco più poco meno di uovo, di provatura fresca (R. D'Ambra, Vocabolario Napoletano Toscano);

e) simile alla provatura, formaggi propri dell'Italia Meridionale fatti di latte di bufala (Enciclopedia Italiana).

Documentazione a sostegno

Le parole di un medico senese autore di una monumentale opera medica più volte ripubblicata nel XVI secolo, "…quello (latte) di bufala di cui si fanno quelle palle legate con giunchi che si chiamano mozze e a Roma provature…" (Mattioli) sono illuminanti per capire il rapporto mozza/provola, giacchè in qualsiasi dizionario della lingua italiana, recente o meno, provola viene fatto derivare da provatura; mente a definire il legame mozzarella/provatura interviene il D'Ambra nel suo Vocabolario Napoletano – Toscano domestico (1873) che definisce la mozzarella "…piccola forma poco più poco meno di un uovo di provatura fresca…".

Ricordiamo, inoltre, monsignor Alicandri, della Chiesa Metropolitana di Capua, storico emerito, che in un suo lavoro del secolo scorso intitolato "Il Mazzone nell'antichità e nei tempi presenti" ci porta a conoscenza di un documento da lui riscontrato in quell'Archivio Episcopale dal quale si evince come nel XII secolo "una mozza o provatura con un pezzetto di pane era la prestazione che i monaci del monastero di S. Lorenzo in Capua (fondato dalla principessa Aloara, vedova del principe Pandolfo Capo di Ferro) davano in agnitionem dominii al Capitolo Metropolitano il quale ogni anno, per antica tradizione, nella quarta fiera delle legazioni, recavasi processionalmente in quella Chiesa". Traspare evidente da questo documento come la "mozza" fosse entrata nel costume rituale ecclesiastico; è d'uopo quindi arguire che doveva essersi già necessariamente affermata nell'uso comune. Plinio il vecchio (N. H., XI 241) cita il laudatissimum caseum del Campo Cedicio, identificabile con quelle aree tra Mondragone ed il Volturno, cui pure compete l'attuale denominazione di "Mazzoni" e dove è assai sviluppato l'allevamento bufalino e la produzione di latticini di bufala. All' epoca di Plinio si trattava evidentemente di prodotti vaccini, ma quando tra X e XI secolo si sviluppò il fenomeno dell'impaludamento, il bufalo trovò un habitat idoneo ed il suo latte sostituì quello vaccino nella preparazione di quel prelibato formaggio. La mozzarella, quindi, è collegata nella origine del termine alla mozza che altro non è se non la provatura, ovvero la provola; solo così si chiarifica l'espressione del 1570 dello Scappi "mozzarelle fresche" (incomprensibile perché per noi la mozzarella è solamente fresca!).

# III° CAPITOLO: STORIA

Origini

Il consumo dei latticini bufalini risale al XII secolo, come ricorda Campanile Castaldo. Come già detto, fin d'allora, infatti, i monaci del Monastero di San Lorenzo in Capua, usavano offrire una mozza o provatura con un pezzo di pane, ai componenti del Capitolo che si recavano presso di loro, ogni anno, in processione. Inizialmente, però, sembra, che venissero prodotte più che altro ricotte e provole, queste ultime pure affumicate, perché si conservassero di più e potessero essere trasportate anche lontane.

La mozzarella, invece, per la sua deperibilità veniva prodotta in scarsa quantità e consumata localmente: ...in definitiva la mozzarella si configura in origine come un sottoprodotto della preparazione della provatura/provola, circondata da una scarsa considerazione per la difficoltà di conservazione e di commercializzazione date le peculiari caratteristiche di freschezza, e perciò destinata ad un circuito ristretto magari di raffinati degustatori.

Potrebbe forse essere questa, una delle ragioni, come sottolinea Guadano, dell'assenza di questo latticino, e non delle provole, dagli antiche presepi napoletani, in cui invece gli elementi gastronomico- alimentari sono messi in grande rilievo e rispecchiano la tradizione alimentare del popolo napoletano.

Tuttavia è indicativo che il prodotto mozzarella sembri totalmente assente nella iconografia, anche in quella particolare del Presepe Napoletano, che con l'assunto di tranche de vie è uno spiraglio aperto su usi e costumi popolari e non; qui per altro primeggia, significativamente, la provola. Con questa la mozzarella è strettamente collegata, non solo perché ugualmente fatta con latte di bufala, (la provola rispetto alla mozzarella rappresenta un'ulteriore fase della lavorazione) ma perché il nome della mozzarella deriva da quello della provola o, più precisamente, da un nome di questa caduto in desuetudine.

Come si è precedentemente detto circa l'etimologia della parola mozzarella, non sembrano esserci dubbi: essa è il diminutivo di mozza, da mozzare, tanto è vero che nei documenti più antichi molto spesso viene definita direttamente mozza, se non provatura.

Comunque anche il termine mozzarella è antico: possiamo trovarlo citato per la prima volta in un libro di cucina pubblicato nel 1570 da un tal Scappi, cuoco della corte papale; questi, operatore di una cucina che oggi non esiteremmo a definire "internazionale", in un ambiente dove pervenivano specialità da ogni parte d'Italia e d'Europa, cita: "…capo di latte, butirro fresco, ricotte fiorite, mozzarelle fresche et neve di latte…".

Se inizialmente il consumo di mozzarella era limitato alla zona di produzione, dalla seconda metà del 700 essa comincia ad essere sempre più presente sui mercati di Napoli, forse per la benefica influenza dell'impianto della Tenuta Reali di Carditello, in provincia di Caserta. Questa, infatti, all'avanguardia nel settore dell'allevamento, dette un contributo non indifferente all'incremento della produzione, commercializzazione e consumo di questo latticino.

La diffusione della mozzarella, comunque, va di pari passo con l'accrescimento delle vie di comunicazione: "...con il miglioramento della rete stradale, con l'espandersi delle ferrovie, i prodotti bufalini cominciano a varcare i confini della Campania per raggiungere altre zone di smercio.".

Per questo, già con l'unificazione d'Italia, si venne a creare fra Napoli e Caserta, ad Aversa, la famosa "Taverna", che altro non era se non una specie di mercato all'ingrosso delle mozzarelle e delle ricotte di bufala che stabiliva quotidianamente le quotazioni in rapporto alla produzione e alla richiesta.

Per mantenere più possibile la freschezza e la fragranza del prodotto, fino a qualche decennio fa, si usava conservare le mozzarelle non in acqua di governo, ma in fogli di giunco e di mortella, disposte in cassette di vimini e di castagno. Oggi che questa tradizione si è persa, ne resta tuttavia il ricordo, vista l'abitudine che c'è in Terra di Lavoro, di richiedere la mozzarella usando l'espressione mazzo di mozzarelle, come se esse fossero ancora chiuse in fasce di giunco.

Le prime testimonianze sulla mozzarella di bufala risalgono al 1400, quando veniva chiamata semplicemente Mozza, perché la fase finale del processo di lavorazione termina con la mozzatura.

Bufalo

E' inutile dire che senza il prezioso contributo del bufalo, o meglio della bufala, non saremmo qui oggi a parlare di questa pregiata varietà di mozzarella; mi sembra pertanto opportuno dedicargli la giusta attenzione.

Il bufalo italiano (Bos Bùbalus) appartiene alla famiglia dei bovidi ed è originario dell'india orientale. Il suo nome deriverebbe dal latino parlato bufalum.

Dalla documentazione esistente non è possibile conoscere l'esatto periodo in cui esso fece la sua comparsa. Secondo alcuni, questo animale fu introdotto in Italia in epoca longobarda, con le invasioni barbariche del VI secolo, e precisamente nel 596, da Agilulfo. Secondo altri, furono i Re normanni che, intorno all'anno 1000, dalla Sicilia, dove il bufalo era stato introdotto dagli Arabi, lo diffusero in tutta l'Italia meridionale. Qualcun altro invece afferma che il bufalo era conosciuto già in epoca greca e allevato in Italia fin dall'epoca romana.

Infine c'è chi sostiene l'origine autoctona di questo animale, e a sostegno di tale ipotesi, vi sono il ritrovamento di relitti fossili nella campagna romana e nell'isola di Pianosa, nell'arcipelago toscano, e i risultati di recenti studi che proverebbero una diversità filogenetica tra il bufalo italiano e quello indiano.

In ogni modo, al di là delle varie ipotesi, inconfutabili testimonianze della presenza del bufalo in Italia, inserito in un contesto socioeconomico, si hanno a partire dal XII – XIII secolo.

Storia

Dal 300 in poi, le notizie sui bufali, nelle cronache, diventano più numerose: spesso sono solo brevi citazioni, ma sufficienti a testimoniare la presenza di questo animale nell'economia agricola di alcune aree del sud della nostra penisola. In particolare, la bufala si afferma in Calabria, Puglia, Lucania e in Campania, dove si diffonde con grande facilità nel basso Volturno. Le piane del Volturno e del Sele assumono le caratteristiche ambientali più adatte per l'allevamento del bufalo nel XI secolo completato il fenomeno dell'impaludamento. Questo animale diventa poi il padrone incontrastato delle paludi a partire dal XIII secolo, quando all'impossibilità di destinare quei terreni si aggiunge il flagello della malaria , che provoca uno spopolamento progressivo di quelle zone.

A quei tempi il bufalaro teneva le bufale sempre allo stato brado o semiselvatico e spesso le utilizzava, per la loro rustica costituzione, per arare i terreni più compatti, o come animali da soma nelle zone acquitrinose, dove i loro zoccoli lunghi e larghi non affondavano troppo.

Ma, sopra ogni cosa, le bufale erano preziose per la produzione di latte: ogni mattina, infatti, dopo averle radunate presso i centri aziendali, detti *"lestre" o "procoi" o, più genericamente "paglire", i bufalari, chiamandole per nome, le facevano avvicinare al recinto dei vitelli e le mungevano.*

Negli annuali contratti per l'appalto del prodotto della "Reale Industria della Pagliara delle bufale" a Carditello, si stabiliva che la mozzarella doveva restare nella salsa 24 ore, mentre la provola 48; la successiva affumicazione, cui generalmente era sottoposta quest'ultima, era un espediente per una migliore conservazione in vista di più facile trasporto e commercializzazione. I documenti d'archivio dimostrano che la pratica dell'affumicazione era stata in precedenza strumento molto utilizzato nel tentativo di conservare più a lungo prodotti facilmente deperibili: infatti nel XVII secolo sul mercato capuano affluiscono accanto alle mozzarelle fresche, provole e mozzarelle affumicate, nonché ricotte di vacca e di bufala salate ed affumicate. In definitiva la mozzarella si configura in origine come un sottoprodotto della preparazione della provatura/provola, circondata da una scarsa considerazione per le difficoltà di conservazione e commercializzazione date le peculiari caratteristiche di freschezza, e perciò destinata ad un circuito ristretto, magari di raffinati degustatori. Ancora intorno alla metà dell'800 nella piana del Sele "…le mozzarelle non erano destinate al commercio ma si confezionavano per uso familiare e il latte bufalino serviva per la lavorazione di provole affumicate per salvaguardarne la crosta dal deterioramento…"(Migliorini).Se nel mercato di Capua fin dal 1500 compaiono mozzarelle accompagnate da provole, i dati archivistici sembrano dimostrare come nella non lontana Castelvolturno pervenissero solo provature e le Assise della città di Napoli confermano, per quello stesso periodo, la presenza su quel mercato solo di provature affumicate e fresche; invece la mozzarella, accompagnata da provole, sembra comparirvi solo dal 1720 per diventare più frequente dal 1780 in poi. Contemporaneamente si incrementa sulla piazza capuana il consumo della carne di bufalo, tanto da costituirsi presso l'amministrazione della città un libro della macellazione vaccina e bufalina (1777-1781), mentre un secolo prima i pochi capi bufalini macellati annualmente erano registrati nel libro della macellazione vaccina (1681). Questo incremento del consumo di derivati bufalini (carni e mozzarelle) sulla fine del XVIII sec. è indubbiamente legato all'impianto della Tenuta Reale conosciuta come "Carditello". In effetti finO al 1790 si chiamò "Cardito" nei documenti ufficiali, avendo occupato parte di una più vasta area di tal nome, della cui estensione resta traccia nel nome del "Fosso del Cardito", che dalla tenuta "Il Cammino" va verso occidente.

I documenti della gestione della "Reale Industria della pagliata delle bufale", conservati presso l'archivio della Reggia di Caserta, permettono d'individuare negli anni '80 di quel secolo quella "molta attenzione" di cui parlava il de Salis Marchlins, che porta il miglioramento della razza e l'incremento del prodotto: pur riducendosi nel 1790 il numero degli esemplari in lattazione di circa la metà, la quantità di prodotti, in latte e mozzarelle o provole, è appena dell'11% inferiore al massimo del 1784, che ha segnato kg. 30840 di mozzarelle o provole, per la cui manipolazione debbono essere stati impiegati più di 129.500 litri di latte di bufala.

Riportate all'epoca sono cifre di notevole consistenza: un mare di latte, che viene manipolato per inondare con un fiume di prodotto l'area casertana e quella napoletana; così si può spiegare la rinomanza, presso larghi strati della popolazione napoletana, della "Mozzarella di Cardito", che nella diffusa ignoranza della geografia antropica ed economica della Regione viene tutt'oggi attribuita al grosso centro, che si incontra a ridosso di Caivano sulla S. S. 87 "Sannitica", dove per altro non c'è stata mai l'ombra di un goccio di latte bufalino. I benefici influssi della Tenuta Reale si prolungano nel tempo: nel 1811 all'esame del compilatore della Statistica Murattiana, la razza bufalina campana, dopo le cure al miglioramento genetico attuate nel secolo precedente anche mediante incroci con esemplari della Piana del Sele risulta migliore di quella della campagna romana, sì che l'allevamento bufalino è attività ad alto reddito (circa il 40% del capitale investito); il che giustifica l'elevato numero di capi (7800) presenti nell'area capuana.

Poco più di un cinquantennio dopo (1868), ad unità ormai avvenuta, il quadro appare notevolmente modificato giacchè il numero dei capi s'è ridotto a poco più di un terzo (2422): conseguenza diretta ed immediata delle bonifiche che hanno interessato le piane intorno al Volturno, recuperando terre all'agricoltura, ma riducendo drasticamente quelle idonee all'habitat bufalino.

Si inizia così quel contrasto tra agricoltura avanzata ed il conservatorismo di chi vuol sfruttare a fondo un'attività che garantisce ancora un reddito elevato; è anche, questo, il tempo in cui con il miglioramento della rete stradale, con l'espandersi delle ferrovie, i prodotti bufalini cominciano a varcare i confini della Campania, per raggiungere altre zone di smercio. Con gli ulteriori interventi di bonifica, attuati in Campania a cavallo degli anni di guerra, sembrò si volesse segnare la definitiva scomparsa dell'allevamento bufalino; però malgrado le catastrofiche previsioni dell'immediato dopoguerra, si deve registrare un incremento medio dell'allevamento costante negli anni.

Riassumendo

Sin dal 500 la mozzarella veniva prodotta in Campania graziata dalle sue fertili terre e dal suo clima mite, caratteristiche che creavano l'habitat naturale per il pascolo delle bufale, dal cui prezioso latte viene prodotta la tipica mozzarella di bufala campana. La mozzarella ha una storia antichissima; vi sono tesi storiche contrastanti circa l'epoca dell'introduzione dei bufali in Campania. Alcuni storici la fanno risalire al sesto secolo attribuendola ai Longobardi, ma qualche storico avanza perfino l'ipotesi che fossero già stati portati in Italia da Annibale. Secolo prima o secolo dopo l'unico dato storico incontrastabile è che la mozzarella di bufala è un tipico prodotto campano, non a caso Carlo d'Angiò battezzò queste fertili terre con l'appellativo di "maison de roses", ed è nella nostra regione che ancora oggi viene prodotta l'unica ed inimitabile mozzarella di latte di bufala. Attualmente in Campania c'è l'80% del patrimonio bufalino nazionale e di esso l'80% fa capo a Caserta.

 # IV° CAPITOLO: PRODUZIONE

Ciclo Produttivo della Bufala

Innanzitutto facciamo una sintetica panoramica sul prodotto a mo' di etichetta come quelle che si trovano sulle confezioni:

1. Prodotto: formaggio fresco a pasta filata, molle e cruda, in salamoia

2. Latte: bufala

3. Origine: Campania, prodotto in Italia meridionale

4. Forma: ovale

5. Dimensioni: h. 5-6 cm, diam. 8-10 cm, peso 100-200 gr

6. Caratteristiche: pasta tenera e compatta, color bianco porcellana, crosta sottilissima,   liscia e lucente gusto dolce e di latte

7. Tipologie - "affumicata": sottoposta ad affumicatura e' più durevole; rientra nella categoria delle Provole

8. Maturazione: qualche ora

9. Consumo: da tavola

10. Dietologia: 100 gr contengono: 16 gr di grasso, 20 gr di proteine, 240 calorie.

La mozzarella è un formaggio fresco, a pasta molle, cruda e filata, a "sfoglie" sovrapposte dalla crosta sottilissima e dal gusto preciso. La mozzarella, un tempo tagliata in forme di circa ½ chilo (e questo ne spiega il nome "mozzarella", da "mozzare" che significa tagliare), viene oggi realizzata in forme tonde di diverse dimensioni, in bocconcini (anche con panna) in pani o in trecce. La sua peculiarità consiste proprio nella *tecnologia di preparazione classica. Le fasi della lavorazione della mozzarella iniziano col versare il latte in un calderone e portarlo a 35 gradi. A questo punto, si unisce al latte il caglio e si lascia riposare il tutto per un'ora. La cagliata viene quindi spezzettata minutamente e lasciata a lievitare, poi viene versata in acqua bollente (80 gradi) e fatta filare. Quando la filatura è a giusto punto, eliminata l'acqua si prende la pasta filata e la si "mozza" nella dimensione voluta. Fatte le porzioni, queste vengono passate in acqua fredda e poi lasciate in salamoia.*

Metodi di preparazione

La preparazione prevede il riscaldamento del latte, l'aggiunta del caglio o del presame quindi la rottura della cagliata (fino alla formazione di grumi della grossezza di una noce) che viene mantenuta nel siero a maturare per ca. 3-4 ore. A questo punto è possibile sottoporre la pasta a filatura: questa viene realizzata in acqua a 90 °C fino a ottenere le forme e le pezzature richieste.

Il prodotto finale ha un contenuto del 55% ca. in acqua, del 30% in grasso (per le mozzarelle di bufala) e del 15% ca. in proteine.

Le fasi della lavorazione e la loro influenza sulla qualità

Uno schema tradizionale di lavorazione della Mozzarella di bufala si può articolare in due fasi.

Nella prima si realizza la preparazione della cagliata e la successiva maturazione sotto siero fino a raggiungere una sufficiente acidità per essere sottoposta a filatura.

Nella seconda, la cagliata acidificata viene filata perché assuma la caratteristica struttura filamentare della mozzarella di bufala a pasta filata. Formatura, salatura e confezionamento della mozzarella di bufala completano il ciclo di lavorazione.

Standardizzazione della materia prima

Per ottenere un prodotto con una qualità organolettica costante è essenziale standardizzare il rapporto grasso/proteine (G/P) nel latte di lavorazione. Nei diversi periodi della lattazione, si osservano nel latte di bufala ampie oscillazioni nel contenuto di grasso mentre il contenuto di proteine resta relativamente costante. La coagulazione del latte

viene preceduta dall'addizione di sieroinnesto naturale (detto anche "cizza") ottenuto lasciando acidificare spontaneamente a temperatura ambiente il siero della lavorazione del giorno precedente. La rottura della cagliata viene effettuata di solito manualmente con un 'ruotolo' di legno (bastone alla cui estremità è fissato un disco di legno con la faccia esterna convessa) o con uno spino metallico e viene spinta fino ad ottenere grumi caseosi delle dimensioni di 3-6 cm. Molta cura viene posta nelle modalità di rottura della cagliata.

Quasi sempre la rottura comporta perdita di grasso nel siero (fino all'1%).

La produzione

Essa è prodotta esclusivamente con latte di bufala, tra le province di Salerno e Caserta, Latina e Frosinone e alcune province di Napoli, Benevento e Roma. E' un formaggio a pasta filata, la cui lavorazione si articola in 6 fasi fondamentali:

- Acidificazione del latte:

in questa fase si lascia acidificare il siero a temperatura ambiente; poi si aggiunge il caglio di vitello e si aspetta la coagulazione del composto per circa trenta minuti ad una temperatura di 34- 36° C. Il casaro, poi, rompe la cagliata fino ad ottenere dei granuli della grandezza di una noce.

- Maturazione:

Dopo la rottura, la cagliata viene lasciata ad acidificare sotto siero. Dalla caldaia di coagulazione, viene estratto circa il 60% del siero e una parte di questo (circa il 5% del

siero totale) viene riscaldato ed aggiunto dopo circa 5-10 minuti in caldaia in modo da mantenere la temperatura della massa intorno ai 46°C.

Nel ciclo di lavorazione artigianale l'acidificazione dura mediamente 3-4 ore, tuttavia, non sono rare le lavorazioni in cui questa fase tecnologica si protrae anche fino a 8 ore. In altre parole i granuli vengono lasciati sotto siero per diverse ore a seconda della decisione del casaro, poi il prodotto viene tagliato in fette sottili e messo a spurgare e maturare per altri 30 minuti.

- Filatura:

Questa fase della lavorazione è quella che influisce maggiormente sulla consistenza del prodotto finito e sulla resa di lavorazione. E' ben noto che l'uso di cagliate immature o sovrammature dà luogo a Mozzarella priva di nerbo e di bassa consistenza ed ad un abbassamento della resa di lavorazione di 2 -3 punti percentuali. Nella pratica di caseificio, il casaro stabilisce il momento più opportuno per l'inizio della filatura sulla base di un saggio empirico di filatura. Il saggio consiste nel fondere in acqua calda circa 100g di pasta che viene amalgamata con l'aiuto di un bastoncino. L'acqua in eccesso viene drenata e la pasta fusa viene adagiata sul bastoncino in modo che per gravità tenda ad allungarsi.

Con le mani si tende la pasta fusa che pende dal bastoncino e se essa si allunga di circa un metro senza spezzarsi la pasta viene giudicata idonea per la filatura.

Al termine dell'operazione di filatura la pasta assume la struttura filiforme che costituisce la caratteristica peculiare della classe di formaggi denominati a pasta filata.

E' un procedimento è molto delicato perché le fette vengono poste in un recipiente di legno e fatte fondere mediante l'aggiunta di acqua bollente. A questo punto la pasta fusa viene sollevata e tirata fino ad ottenere un impasto omogeneo e lucido dalla consistenza filiforme. Il casaro poi dà le forme più diverse che possono essere i bocconcini, le ciliegine, i nodini o le trecce di un particolare bianco lucente. Dopo la realizzazione della forma si versano questi prodotti in acqua per pochi minuti, prima di trasferirli in apposite vasche per la salatura.

- *Formatura:*

La formatura della mozzarella viene effettuata manualmente da due operatori in cui uno stacca ("mozza") con il pollice e l'indice delle due mani dei pezzi di pasta filata da una massa globosadi circa 3-4 Kg sostenuta da un altro operatore.

Il prodotto appena formato viene lasciato cadere direttamente in vasche contenenti acqua fredda. Successivamente ad una sosta variabile in funzione alla pezzatura, viene trasferito alla salamoia.

Alcune forme particolari, quali ad esempio la tradizionale "treccia" vengono ottenute solamente a mano, intrecciando abilmente tre segmenti allungati di pasta filata fino ad ottenere la forma finale.

- *Salatura:*

La salatura viene realizzata generalmente immergendo la mozzarella di bufala in soluzioni saline a diversa concentrazione, tipicamente con un contenuto di sale che varia dal 10 al 18%. La durata in genere non supera le 10 ore per le pezzature di 400-500 grammi.

Durante la permanenza della mozzarella di bufala nella salamoia, il sale penetra in esso per diffusione. La velocità con cui il sale penetra nella mozzarella di bufala dipende dalla concentrazione salina della salamoia, dalla temperatura e soprattutto dalle dimensioni della forma di mozzarella.

Al termine della permanenza in salamoia, la mozzarella di bufala, risulta molto ricca di sale nelle zone periferiche, mentre già a qualche millimetro dalla superficie il contenuto di sale è pressoché nullo. Una volta estratto dalla salamoia e immerso nel liquido di governo la concentrazione di sale nella mozzarella di bufala tende a riequilibrarsi. Dagli strati esterni in cui la concentrazione è molto alta, il sale migra verso gli strati interni.

Per effetto di questo processo diffusivo la concentrazione del sale si abbassa negli strati esterni della mozzarella di bufala e si innalza in quelli interni con tendenza ad uniformarsi.

- *Conservazione:*

Successivamente alla salagione la mozzarella di bufala viene conservata mantenendola immersa in un liquido di governo. Il liquido di governo è costituito in genere da "acqua di filatura" a cui viene aggiunto sale e siero acido diluito. In alternativa viene usata acqua salata aggiunta di acido citrico e/o lattico.

Quest'ultimo tipo di liquido di governo è quello che viene ritenuto più idoneo poiché consente di prolungare la vita commerciale del prodotto, soprattutto nel periodo invernale.

Il liquido di governo costituisce un costo di produzione non irrilevante.

La conservabilità del prodotto è strettamente legata al tipo di materia prima utilizzata ed alla tecnologia di trasformazione. Il prodotto ottenuto da latte crudo e sieroinnesto naturale si conserva, immerso nel liquido di governo, per 3-4 giorni a temperature di 10-15°C senza perdere le sue caratteristiche (superficie esterna lucida, colore bianco, forma sferoidale, pasta morbida ed elastica, con presenza di sierosità, sapore particolare di latte fresco con punte di selvatico). Oltre tale periodo la superficie esterna si sfalda, la pasta perde la sua consistenza e diventa burrosa perdendo completamente la struttura a sfoglie sovrapposte data dalla filatura, quindi và mangiata cotta.

Tutela della tipicità

Il disciplinare contenuto nel DPR 28/9/1979 prevede per la produzione della Mozzarella di bufala l'utilizzo esclusivo di latte di bufala. In tal modo rimane escluso un impiego anche parziale di latte bovino. In tale evenienza, la Mozzarella non potrà essere più denominata "di bufala" ed il latte bovino dovrà essere necessariamente incluso tra gli ingredienti di produzione.

Gusto, tradizione e qualità

La mozzarella, tipica specialità campana, (dal merid. mózza, tipo di formaggio a pezzi "mozzati") è un formaggio fresco a pasta filata. Si presenta in forma tondeggianti, di dimensioni non molto grosse, conservate nel cosiddetto "latticello", residuo dell'acqua di cottura. La mozzarella migliore, è unanimemente considerata quella prodotta con 100% latte di bufala, intero e rigorosamente freschissimo. E' caratterizzato da un sapore e da un aroma delicatissimi.

La mozzarella è nella lista dei formaggi italiani da tutelare e per questo sulla sua preparazione vigilano numerosi organi di controllo ed alcuni marchi di qualità consentono al consumatore di sapere esattamente che tipo di prodotto stanno per acquistare.

Il marchio del consorzio dei produttori di mozzarella di bufala campana ed il marchio di Denominazione di Origine Protetta (DOP) sono riconoscimenti ai quali solo i caseifici che rispettano appieno tutte le normative e producono secondo tradizione la mozzarella campana con 100% di latte di bufala fresco possono aspirare.

Usi

Eccellente fresca, la mozzarella è largamente utilizzata anche cotta, soprattutto sulle pizze (la vera pizza napoletana è prodotta con sola mozzarella di bufala campana) e nei calzoni, ma anche in molte altre preparazioni: tipica la mozzarella in carrozza, consistente in una fetta di mozzarella introdotta tra due fette di pancarré che vengono poi passate nell'uovo e fritte.

Ma questo è un argomento che merita un trattamento analitico approfondito ed è proprio da qui in poi che entriamo nel "vivo" del libro.

Come gustarla e conservarla

La consistente presenza di sostanze proteiche e di flora lattica, l'alto contenuto di vitamine e Sali minerali e la ricchezza di calcio ne fanno un validissimo prodotto dal punto di vista nutrizionale.

Vi ricordiamo che la mozzarella è un prodotto fresco, che va consumata al più presto (2 o 3 giorni).

Oltre che consumata fresca, per le sue caratteristiche si sposa perfettamente ai piatti tipici della dieta mediterranea come la pizza, la pasta, le verdure ed i pomodori, come vedremo.

Come già detto, successivamente alla salagione la Mozzarella viene conservata mantenendola immersa in un liquido di governo. Il liquido di governo è costituito da "acqua di filatura" a cui viene aggiunto sale e siero acido diluito. Questo liquido è fondamentale perché conferisce il giusto tono di sale esaltando il sapore e le qualità organolettiche fino al cuore della pasta filata, assicurando una corretta conservazione.

Per gustare al meglio la Mozzarella di Bufala Campana, si consiglia di conservare il prodotto a temperatura ambiente nel liquido con cui viene venduta; toglietela dal contenitore, ponetela in un recipiente di vetro, ceramica o di terracotta (non di metallo), immersa nella propria "acqua di governo"; mettetela in un luogo fresco ma non nel frigorifero.

Prima di consumare il prodotto, d'inverno, si consiglia di immergerlo per circa 10 minuti in acqua calda a 35/40°. Se proprio ritenete di dover porre la mozzarella in frigorifero ricordate comunque che va lasciata almeno mezz'ora a temperatura ambiente prima di essere immersa nell'acqua calda.

Se avete intenzione di usare la mozzarella per cucinare, allora toglietela dal liquido di governo e lasciatela nella parte alta del frigorifero circa mezz'ora per farle perdere l'acqua in eccesso, avendo cura però di coprirla con un panno.

# V° CAPITOLO: RICETTE

 # *Antipasti*

Caviale di melanzane

Per 4/6 persone: 1 grossa melanzana, 1 limone, 1 cucchiaio d'olio d'oliva extravergine, sale, pepe, paprika, 100 gr mozzarella di bufala.

Avvolgete la melanzana in carta stagnola e cuocetela nel forno preriscaldato a 220° per circa 45', quindi lasciatela intiepidire e sbucciatela.

Tagliatela a dadi e frullatela con il succo del limone, l'olio, sale, pepe e un quarto di cucchiaino di paprika forte, oppure 1/2 cucchiaino di paprika dolce.

Servite la crema fredda con crostini di pane abbrustolito cospargendo il tutto con i dadini di mozzarelle.

In alternativa potete preparare le tartine e rimetterle in forno prima di servirle per far sciogliere i dadini di mozzarella.

Crostini di formaggio fresco

Per 4 persone: 1 sfilatino (100 gr circa), 100 gr di mozzarella di bufala, 1 peperone giallo, 2 pomodori maturi, qualche rametto di basilico, sale, 1 spicchio d'aglio, 1 cucchiaini d'olio d'oliva.

Fate arrostire il peperone sul grill o in forno fino a quando la pelle sarà nera. Spellatelo e apritelo in due. Eliminate i semi e i filamenti bianchi all'interno e tagliate la polpa a dadini.

Scottate i pomodori in acqua bollente per 10 secondi, spellateli e tagliateli in due. Eliminate i semi e l'acqua contenuti all'interno e tagliateli a dadini.

Tagliate il pane a fette e fatelo tostare. Se piace, strofinatele delicatamente con lo spicchio d'aglio tagliato in due. Mescolate i peperoni e i pomodori separatamente con olio e basilico tritato.

Mettete il tutto nel frullatore e salate leggermente.

Spalmate le fette di pane e servite.

Pizzelle fritte

Per 4 persone: Ingredienti per 4 persone (circa 12 pizzette): 10 gr di lievito di birra fresco, 1,5 patata piccola, 300 gr di farina, sale, olio per friggere, 2 dl di salsa di pomodoro, mozzarella di bufala, basilico.

Sbriciolate il lievito in una ciotola capace e diluite con 7,5 cl di acqua tiepida. Unite il sale e un cucchiaio di farina, mescolate bene e coprite la ciotola.

Nel frattempo, sbucciate la patata, mettetela in un pentolino con acqua fredda e poco sale e portate a ebollizione. Lasciate cuocere per 20 minuti, quindi scolate e schiacciate fino a ridurre in puré. Versate il puré nella ciotola con il lievito e mescolate bene.

Unite altra farina a poco a poco, mescolando prima con la forchetta e poi con le dita. Lavorate la pasta con le mani su un piano infarinato fino ad ottenere una palla elastica e non appiccicosa.

Rimettetela nella ciotola e lasciate lievitare coperto per 1 ora. Dividete la pasta in 12 o 16 palline e appiattitele con la punta della dita su un piano di lavoro infarinato.

Friggetele in una padella con abbondante olio (di semi oppure metà olio di semi e metà olio d'oliva). Giratele a metà cottura e dopo un po' sgocciolatele su carta assorbente.

Guarnitele con la salsa di pomodoro, pezzetti di mozzarella e le foglie di basilico spezzettate.

Servitele subito oppure passatele rapidamente nel forno caldo prima di servire.

Pomodorini farciti

Per 4 persone: Tagliate in due orizzontalmente 200 gr di pomodorini e svuotate i semini contenuti all'interno.

Cospargete l'interno dei mezzi pomodori con un po'di sale fino e rovesciateli su una griglia per 15 minuti.

Frullate o tritate finemente 1 piccolo spicchio d'aglio con 1 filetto di acciuga sott'olio, 1 cucchiaino di capperini sott'aceto, le foglie di due rametti di prezzemolo, 50 gr di mollica di pane fresco e 50 gr di mozzarella di bufala.

Distribuite il ripieno nei pomodorini senza premere troppo. Passate nel forno molto caldo (250°) per circa 5 minuti, o finché la superficie sarà dorata.

Involtini di mozzarella di bufala all'aceto balsamico

Ingredienti per 4 persone: 400 gr di mozzarella di bufala, 8 fette sottili di pancetta affumicata o bacon, erba cipollina, 2 cucchiai d'olio d'oliva, 1 cucchiaino di aceto balsamico, sale, pepe, 1 piccolo ceppo di insalata riccia.

Separate la mozzarella in 16 porzioni. Cercate di tagliarla formando delle palline o rotolandola tra le mani bagnate. Tagliate le fette di bacon in due. Sminuzzate un po' di erba cipollina e spargetela su un piatto assieme a poco sale e pepe.

Rotolate le palline nel miscuglio, preparandone dell'altro quando si esaurisce. Avvolgete ora ogni pallina in mezza fetta di bacon, facendola girare in moda che sia interamente ricoperta.

Fissate con uno stelo di erba cipollina oppure con uno stecchino di legno. Lavate e asciugate l'insalata e disponetela in 4 piattini.

Scaldate l'olio in una padella media su fuoco alto e, quando è ben caldo - non deve fumare però - gettatevi gli involtini. Lasciateli rosolare su tutti i lati per circa 2 minuti: devono risultare dorati su tutti i lati. Togliete gli involtini dalla padella e sistemateli sui letti di insalata.

Spegnete il fuoco. Versate nel grasso ancora caldo qualche cucchiaio di acqua e lasciate sfrigolare. Unite l'aceto balsamico e condite subito l'insalata.

Empanadas di prosciutto, spinaci e mozzarella di bufala

Ingredienti per 4 persone : 300 gr di spinaci freschi, 200 gr di mozzarella di bufala, 60 gr di prosciutto crudo, 1 spicchio d'aglio, 1 falda di peperone rosso grigliato o sott'olio, sale, pepe, 1 cucchiaio d'olio d'oliva. Per la pasta brisée: 120 gr di farina, 80 gr di burro, sale.

Preparate la pasta mescolando la farina con un pizzico di sale e 60 gr di burro freddo tagliato a dadini. Unite poca acqua fredda in modo da ottenere una pasta elastica. Chiudete la pasta in un foglio di pellicola trasparente e lasciate in frigo per mezz'ora.

Nel frattempo, preparate il ripieno. Lavate ripetutamente gli spinaci per eliminare ogni traccia di terra e eliminate i gambi. Lessate le foglie in 2 cm di acqua salata per pochi minuti, quindi scolatele e strizzatele per eliminare tutta l'acqua residua.

Scaldate l'olio in un padellino e fatevi soffriggere l'aglio tritato e il prosciutto tagliato a dadini.

Unite gli spinaci tritati e il peperone tagliato a dadini e lasciate insaporire per qualche minuto.

Da ultimo unite la mozzarella tagliata o meglio ancora tritata.

Lasciate raffreddare il ripieno mentre stendete la pasta con un mattarello su un piano infarinato. Ricavate 8 o 12 dischi ritagliandoli con un bicchiere e deponete in centro a ciascuno un cucchiaino colmo di ripieno. Inumidite leggermente i bordi e chiudete a mezzaluna, premendo bene con le dita. Allineate le empanadas su una teglia da forno e spennellatele con il rimanente burro fuso. Cuocete nel forno a 220° per circa 10 minuti.

Mozzarella in carrozza

Ingredienti per 4 persone: 8 fette di pancarré, 150 gr di mozzarella, possibilmente di bufala, 3 uova, 2 cucchiai di latte, sale, pepe, farina, olio di semi per friggere. Pareggiate i bordi delle fette di pane per eliminare la crosta ma soprattutto per renderle regolari. Potete anche utilizzare un altro tipo di pane, per esempio del pane casereccio a grandi fette come il toscano o il pugliese.

Il piatto guadagnerà senz'altro in sapore. Tagliate la mozzarella a fette sottili. Se il formaggio vi sembra molto acquoso, stendete le fette su un foglio di carta assorbente da cucina per qualche minuto.

Distribuite le fettine su metà delle fette di pane lasciando mezzo cm libero sui bordi e chiudete con le altre fette di pane, premendo bene sui bordi.

Inumidite leggermente i 4 lati di ogni tramezzino, per esempio intingendoli di taglio per pochissimo tempo in un piattino di acqua e passate successivamente in un piatto di farina.

Questo aiuta a sigillare i lati dei tramezzini.

Sbattete le uova intere con il latte, sale e pepe. A piacere, potete aggiungere delle erbe (per esempio erba cipollina tagliuzzata) o un po' di parmigiano grattugiato.

Inzuppate bene i tramezzini nell'uovo. Conviene lasciarli per 5 minuti nell'uovo finché saranno ben imbevuti da un lato, quindi girarli e lasciarli 5 minuti anche dall'altro lato.

Abbiate cura di inzuppare con l'uovo anche i 4 lati di ogni tramezzino.

Friggete in una padella con olio ben caldo. Lasciate cuocere per circa 2 o 3 minuti, quindi voltate i tramezzini e cuoceteli finché saranno dorati dall'altro lato.

Deponeteli su carta assorbente per eliminare l'olio in eccesso. Servite subito le mozzarelle in carrozza, da sole oppure accompagnate con insalata verde o mista a piacere.

Melanzane alla mozzarella di bufala

Ingredienti per 4 persone : 2 melanzane lunghe, 1 uovo, 3 spicchi d'aglio, 50 gr di farina, 200 gr di mozzarella di bufala tritata, sale, 1,5 dl d'olio d'oliva.

Lavate e asciugate le melanzane.

Tagliatele a fette di 1 cm di spessore e cospargete con sale fino.

Sistematele in una ciotola capiente e sistematevi sopra un piattino con un peso. Lasciatele riposare per almeno 1 ora.

Trascorso questo tempo, strizzate bene le fette di melanzane e infarinatele leggermente.

Mescolate l'uovo con 1 dl di acqua e l'aglio schiacciato o finemente tritato.

Passate le fette di melanzane nella pastella e successivamente nella mozzarella tritata e di nuovo nella pastella.

Friggetele nell'olio d'oliva ben caldo finché saranno dorate sui due lati. Asciugatele con carta assorbente e servite caldo.

Questo piatto si può preparare in anticipo e scaldare al momento in un forno ben caldo.

Torta salata ai formaggi e alle noci

Per 6 persone: 2 rotoli di pasta sfoglia pronta, 100 gr di gorgonzola cremoso, 150 gr di crescenza, 200 gr di mozzarella di bufala, 1 uovo, 1 dl di latte, sale, pepe, una ventina di gherigli di noci.

Frulla i formaggi con il latte, sale e pepe e unisci l'uovo.

Stendi una sfoglia di pasta in uno stampo e versa il composto.

Distribuisci i gherigli di noci tritati.

Copri con l'altra sfoglia, sigilla bene i lati e cuoci nel forno già caldo a 180° per 35/45 minuti circa.

Calamari ripieni

Ingredienti per 4 persone : 12 piccoli calamari spellati e svuotati, 120 gr di prosciutto crudo, 40 gr di pancarrè o altra mollica di pane, 100 gr di mozzarella di bufala, 1/2 cipolla, 1 spicchio d'aglio, 4 cucchiai d'olio d'oliva, 2 cucchiai di vino bianco, prezzemolo tritato, 2 dl di salsa di pomodoro, sale, pepe.

Fate appassire in padella, a fuoco medio, la cipolla e l'aglio sminuzzati con un cucchiaio d'olio.

Unite il prosciutto tritato e lasciate cuocere per 1 minuto. Unite il pane sbriciolato, sale, pepe, prezzemolo e il vino. Farcite le sacche dei calamari e chiudete con uno stecchino.

Fateli rosolare nell'olio rimasto e, quando sono dorati, coprite con la salsa e lasciate cuocere a fuoco basso per 45 minuti con un coperchio.

Millefoglie di porcini, speck e mozzarella

Ingredienti per 4 persone: 6 bei funghi porcini, 200 gr di mozzarella di bufala, 200 gr di Speck a fette, 1 dl di panna da cucina, rosmarino, sale.

Pulite bene i funghi e tagliateli a fette di circa 2/3 mm di spessore.

Dovete ottenere circa 24 fette regolari (conserverete gli scarti per un altra preparazione, un risotto per esempio, o una zuppa). Scaldate bene una bistecchiera di ghisa a fuoco alto e grigliate i funghi sui due lati fino a quando saranno ben dorati.

Confezionate a questo punto dei "tramezzini" sovrapponendo una fetta di fungo, una mezza fetta di speck, una fettina di mozzarella, una di fungo e completate con un altro strato di speck, di mozzarella e di fungo.

Fermate con uno stecchino di legno e sistemate in un cartoccio di carta da forno oppure stagnola. Prima di chiudere i cartoccio, versate un cucchiaino di panna e cospargete con sale e un po' di rosmarino tritato.

Quando tutti i cartocci sono pronti, allineateli in una pirofila e passate nel forno già caldo a 200° per 5 minuti, quindi servite subito i piccoli millefoglie nei loro cartocci, magari con una bella insalata di contorno.

Quiche lorraine napoletana

Ingredienti per 4 persone: 200 gr di pasta brisée, 100 gr di pancetta dolce, 100 gr di mozzarella di bufala, 3 uova, 20 gr di Parmigiano grattugiato, 1 dl di panna da cucina, 2,5 dl di latte, sale, pepe.

Tappezzate uno stampo da crostata con la pasta tirata.

Bucherellate il fondo con una forchetta e riponete il tutto in frigo mentre preparate il ripieno.

Rompete le uova in una ciotola e unite la panna. Condite con un cucchiaino di sale e un po' di pepe.

Mescolate bene e diluite con il latte.

Tagliate la pancetta a dadini e metteteli in un padellino su fuoco medio, senza grassi. Quando la pancetta sarà dorata, scolatela dal suo grasso e unitela alla pastella e alla mozzarella tritata.

Versate il tutto nello stampo con la pasta e cuocete nel forno già caldo a 160° per 40 minuti circa.

Nota: per evitare rischiosi equilibrismi, sistemate lo stampo sulla griglia del forno prima di versare la pastella.

Potete variare questa ricetta in molti modi, uno molto semplice è di sostituire i dadini di pancetta con dadini di zucchina, sempre dorati in padella con poco olio.

Bastoncini di sfoglia alla mozzarella di bufala

Ingredienti per circa 30 bastoncini: 150 gr di pasta sfoglia, 100 gr di mozzarella di bufala, 1 tuorlo, sale.

Stendete la pasta in un rettangolo sottile di circa 20 x 30 cm. Coprite metà con la mozzarella e piegate in due, in modo da ottenere un rettangolo lungo 30 cm e alto 10.

Tagliate a bastoncini di 1 cm e spennellate con tuorlo mescolato con acqua (metà/metà).

Cospargete con poco sale e cuocete nel forno a 200° finché sono dorati. Sono buoni anche freddi.

Bocconcini di salsiccia e mozzarella

Ingredienti per circa 20 bocconcini: 200 gr di pasta sfoglia, 100 gr di salsiccia, 100 gr di mozzarella di bufala, 1 tuorlo, sale.

Stendete la pasta sfoglia in un lungo rettangolo largo circa 15 cm e sistemate al centro la salsiccia spellata, impastata con la mozzarella e piuttosto sottile (basta rotolarla un po' fra le mani umide).

Ripiegate la pasta in modo che la salsiccia sia nella piega, schiacciando bene per "incollare" i due strati di pasta.

Spennellate con tuorlo (1 tuorlo mescolato con 1 cucchiaio di acqua) e cuocete a 200° finché la superficie è dorata. Tagliate a tronchetti dopo la cottura. Sono più buoni caldi.

Prosciutto e mozzarella di bufala

Prendete le ciliegine di mozzarella di bufala, avvolgetele ognuna in una fetta di prosciutto

crudo e servite su un piatto d'insalata verde.

Crocchette di mozzarella

Per 6 persone: 250 gr di mozzarella di bufala, 1 cucchiaio di farina, un uovo, sale, olio per friggere.

Mettete in una terrinetta la mozzarella, incominciate a stringerla nella mano e ad impastarla fino a che sarà diventata come una pasta.

Uniteci allora la farina, l'uovo e un pizzico di sale e continuate ad impastare, sempre nella terrinetta, fino a che ogni cosa sarà bene amalgamata e la massa si presenterà sotto forma di una pasta omogenea e morbida.

Ricavatene delle crocchettine della grandezza di una grossa noce, passatele nella farina e friggetele in olio piuttosto caldo fino a che saranno di un bel color d'oro chiaro.

Carpaccio di zucchine

Ingredienti per 4 persone: 4 zucchine medie, 2 limoni, 200 gr di mozzarella di bufala, 100 gr di pane casereccio affettato e tostato, 8 gherigli di noci, 2 cucchiai d'olio d'oliva, sale, pepe.

Affettate molto sottilmente le zucchine per il lungo : il modo migliore è di usare il pelapatate.

Allineatele in un piatto e copritele a mano a mano con il succo dei limoni. Lasciate riposare per 1 ora.

Sgocciolate molto bene le fette di zucchine e stendetele su 4 piatti piani come per un carpaccio.

Distribuitevi sopra la mozzarella a tocchetti.

Tritate i gherigli e tagliate il pane a dadini e distribuite il tutto sulla superficie.

Mescolate l'olio con un po' di sale e pepe e versate a filo sulle zucchine.

Panzarotti

Per 4 persone: 500 gr di pasta da pane, 150 gr di prosciutto cotto a dadini, 150 gr di mozzarella di bufala, 1 tazza di salsa di pomodoro, sale, olio per friggere.

Stendete la pasta allo spessore di 1 mm, ritagliate dei dischi del diametro di circa 10-12 cm.

Su ogni disco mettete qualche dadino di prosciutto cotto, qualche pezzetto di mozzarella e una cucchiaiata di salsa di pomodoro.

Richiudete i dischi sigillando bene i bordi e friggeteli in abbondante olio.

Sgocciolateli su una carta assorbente e serviteli caldi.

Provola fritta

Per 4 persone: 200 gr di provola, 2 uova, 3 cucchiai di pangrattato, farina q.b., olio, sale.

Tagliate a fette piuttosto spesse le due provole e subito dopo battete le uova. Dopo aver passato tutte le fette nella farina, nell'uovo battuto e nel pangrattato, ripassatele una seconda volta nell'uovo e nel pangrattato.

Mettete al fuoco un tegame di ferro con abbondante olio e non appena questo sarà fumante, adagiatevi le fette facendole dorare.

A cottura ultimata spolverizzatele con un pizzico di sale e adagiatele su un piatto da portata.

Servitele calde.

Pomodoro, mozzarella e cipolla

Per 4 persone: 2 cipolle, 2 pomodori, 150 gr di mozzarella di bufala, 4 uova, Olio di oliva,

aceto, basilico, prezzemolo, sale.

Fate rassodare le uova e passatele sotto l'acqua perchè si raffreddino, poi sgusciatele.

Nel frattempo preparate a fette i pomodori, la mozzarella e le cipolle (4 per ciascun ingrediente).

Disponete in ogni piatto una fetta di mozzarella, sulla fetta di mozzarella una di pomodoro, sul pomodoro una fetta di cipolla e su quest'ultima qualche fettina di uovo sodo.

Irrorate con olio e aceto, salate e spolverizzate di basilico e prezzemolo tritati.

Mozzarella di bufala con bresaola e pompelmo giallo

Ingredienti per 4 persone: 300 gr di mozzarella di bufala, 100 gr di bresaola, 1 pompelmo, 4 cucchiai di olio di oliva, sale, pepe.

Stendete la bresaola su un piatto da portata, condite con un filo d'olio, sale e pepe. Affettate la mozzarella e adagiatela sopra la bresaola. Sbucciate il pompelmo al vivo, tagliatelo a spicchietti e distribuiteli qua e là tra la mozzarella.

Condite il tutto con olio, sale e pepe e portate in tavola .

Primi

Gnocchi di patate e erbette gratinati con ricotta e mozzarella

Ingredienti per 4 persone: 800 gr di patate farinose, 200 gr di erbette, 150 gr di farina, 200 gr di ricotta fresca, 200 gr di mozzarella di bufala, 1 cucchiaio colmo di formaggio grattugiato (grana, parmigiano o pecorino), latte, sale, pepe, burro.

Sbucciate le patate e tagliatele a pezzi piuttosto grossi. Lessatele in abbondante acqua salata.

Nel frattempo, lavate molto bene le erbette e mondatele dei gambi e della parte più dura delle coste. Tagliate le foglie a striscioline sottili e lessatele in pochissima acqua salata per circa 5 minuti. Scolatele e trasferitele in un colino a rete sottile, premendo sulla superficie per eliminare tutta l'acqua residua.

Quando le patate sono tenere, scolatele e lasciatele in attesa per 5 minuti, in modo da lasciarle asciugare bene. Versate la farina su un piano di lavoro (possibilmente un tagliere di legno) e schiacciate le patate con l'apposito apparecchio direttamente sopra il tagliere.

Unite le erbette e impastate rapidamente con le mani, incorporando la farina necessaria. La quantità di farina utile dipende dalle patate. Dovete ottenere un impasto poco appiccicoso e abbastanza sodo, ma non colloso.

Formate degli gnocchi della forma che preferite (a palline o a tronchetti) e deponeteli a mano a mano su un cartone, uno strofinaccio da cucina o un asse di legno infarinato .

Lessateli in una grande pentola d'acqua bollente salata. Raccoglieteli quando salgono alla

superficie con un "ragno" (il mestolo di filo usato per i fritti) e lasciateli scolate bene. Trasferite i gnocchi in una pirofila imburrata, possibilmente in uno solo strato.

Diluite la ricotta con un po'di latte fino ad ottenere la consistenza di una besciamella. Condite con sale e pepe e versate sulla superficie degli gnocchi. Tagliate la mozzarella a fiammifero, unite al formaggio grattugiato e cospargete in superficie. Cuocete nel forno ben caldo finché la superficie sarà dorata.

__Lasagne__ (ricetta di base con varianti)

Ingredienti per 4 persone: 300 gr. di pasta fresca all'uovo in sfoglie, 8 dl di besciamella, 200 gr di ragù di carne, 100 gr. di mozzarella di bufala, 50 gr. di Parmigiano grattugiato, burro, sale.

Mescolate il ragù con la salsa besciamella.

Lessate le sfoglia di pasta (meglio procedere in due volte) in acqua salata. Il tempo di cottura varia: la pasta fresca fatta in casa, se molto sottile, cuoce in meno di un minuto mentre alcune sfoglie industriali richiedono anche 4 o 5 minuti).

Quando la pasta è al dente, prelevatela con un cucchiaio forato e tuffatela subito in una ciotola di acqua fredda.

Togliete ora le sfoglie dall'acqua e stendetele su un canovaccio.

Imburrate una pirofila e stendete sul fondo due cucchiaiate di salsa. Coprite con sfoglie e spalmatevi, con il dorso di un cucchiaio, altri 2 cucchiai di salsa. Cospargete con formaggio e procedete fino a esaurimento degli ingredienti, terminando con la salsa.

Cuocete le lasagne nel forno già caldo a 220 ° per circa 20 minuti, o fino a quando la superficie sarà dorata.

Note: attenzione a non riempire troppo la pirofila perché la pasta gonfia ulteriormente durante la cottura.

Se usate i fogli di pasta che non richiedono cottura (si trovano sia in versione fresca che secca), utilizzate un po' più besciamella e comunque tenetela più fluida. Se usate besciamella pronta, diluitela con un po' di latte.

Varianti: agli ingredienti base aggiungete…

Al fumo: sostituite il ragù con 100 gr di pancetta affumicata a dadini, fatti soffriggere in padella senza aggiunta di grassi e aggiungete alla besciamella anche 150 gr di provola affumicata.

Al pesto: aggiungete alla besciamella circa 70/80 gr di pesto.

Al radicchio trevisano: fate insaporire 2 ceppi di radicchio affettato in due cucchiai d'olio nel quale avrete prima soffritto un spicchio d'aglio. Quando il radicchio è appassito unitelo alla besciamella.

Agli spinaci: come per il radicchio.

Al pomodoro fresco: aggiungete semplicemente alla besciamella circa 2 dl di salsa di pomodoro fresco al basilico.

Ai carciofi: pulite 4 carciofi e lessateli in acqua salata. Fateli quindi insaporire rapidamente in olio e aglio e uniteli alla besciamella, frullati oppure tagliati a fettine.

Con asparagi: Lessate un piccolo mazzetto di asparagi e unite alla besciamella i gambi frullati e le punte intere o tagliate in due.

Con i funghi: preparate circa 400 gr di funghi (porcini, gallette o champignon) affettati e trifolati (saltati in olio con aglio e prezzemolo) e aggiungeteli alla besciamella.

Malloreddus (gnocchetti sardi)

Per 4 persone: 300 gr di farina i semola, sale, zafferano. Per la salsa: mezzo kg di pomodori perini, 50 gr di salsiccia, 1 cipollina, 1 spicchio d'aglio, basilico, olio d'oliva. Provola tritata per servire.

Impastate la farina con una presa di sale e poca acqua tiepida nella quale avrete diluito lo

zafferano (mezza bustina circa). Dovete ottenere un impasto omogeneo ma piuttosto sodo.

Staccate un pezzetto di pasta rotolatelo sul piano di lavoro per ottenere un salsicciotto spesso circa mezzo centimetro. Staccate pezzetti lunghi come un fagiolo e schiacciateli sotto il pollice contro un pezzo di refe (oppure un altra superficie a rete). Fatelo rotolare fino a quando sarà arricciato. Preparate in questo modo tutti i malloreddus e lasciateli essicare per un paio di giorni distesi su un asse di legno o una tovaglia infarinata.

Preparate il sugo: scaldate la salsiccia spellata e disfatta a pezzi in una casseruola con la cipolla sminuzzata, il basilico, lo spicchio d'aglio schiacciato e due o tre cucchiai d'olio.

Quando il tutto è leggermente dorato togliete l'aglio e unite la polpa dei pomodori sbucciati e svuotati dei semi. Lasciate ridurre a fuoco lento.

Lessate i malloreddus in abbondante acqua salata. Scolateli al dente e condite con il sugo e la provola.

Pasta incaciata

Ingredienti per 4 persone: 300 gr di maccheroncini, bucatini o ziti, 200 gr di polpettine di carne, 250 gr di buona salsa di pomodoro, 250 gr di mozzarella di bufala o altro formagio simile, 50 gr di ricotta infornata grattugiata, 100 gr di pisellini, 2 uova sode, 50 gr di salame, 2 cucchiai colmi di pangrattato, 1 grossa melanzana, olio d'oliva, sale, pepe.

Tagliate la melanzana a dadi e cospargeteli con sale fino. Lasciare spurgare per almeno 1 ora, quindi strizzate molto bene i dadi e friggeteli in olio. Lessate i pisellini in acqua salata e lessate la pasta, scolando ancora parecchio al dente. Tagliate le uova sode a fette e il salame a dadini piccoli.

Condite la pasta con la salsa di pomodoro e le melanzane. Oleate una pirofila e versate uno strato di pasta. Distribuite sopra i pisellini, il salame, la tuma a pezzetti, le fette di uova e le polpettine. Coprite con la pasta rimasta e cospargete con il formaggio grattugiato e il pangrattato. Versate un filo d'olio e fate gratinare in forno.

Nota: Esistono molte versioni locali - e forse anche familiari - di questo piatto che si presta

comunque a molte varianti. Per esempio, si possono sostituire polpettine di carne e salsa di pomodoro con il ragù di carne. Si possono aggiungere pinoli e sostituire le melanzane con cavolfiore. Si possono anche unire fegatelli di pollo saltati in padella e tagliati a pezzetti.

Insomma, è un grande piatto unico ma voi seguite la vostra fantasia.

Pasta con carciofi e provola

Per 4 persone: 250 gr di pappardelle (oppure grosse tagliatelle o maltagliati), 4 carciofi, 50 gr di ricotta fresca, 100 gr di provola, 1 spicchio d'aglio, 4 cucchiai d'olio d'oliva, qualche rametto di menta o di prezzemolo, sale.

Mondate i carciofi e tagliateli i due per eliminare il fieno all'interno. Affettateli sottilmente e fateli appassire in padella con 2 cucchiai d'olio d'oliva e l'aglio sminuzzato.

Quando i carciofi sono quasi cotti salateli leggermente e lessate la pasta.

Unite ai carciofi le erbe sminuzzate e l'olio rimasto. Unite la ricotta, mescolate e condite la pasta.

Nota: per un sapore più forte (e assai diverso) fate soffriggere a parte, in padella, 8 fette molto sottili di bacon (o pancetta affumicata) fino a quando diventano croccanti e sbriciolatele sopra la pasta.

Risotto (ricetta di base e varianti)

Ingredienti per 4 persone: 300 gr di riso (scegliete un tipo indicato per risotti, fino o superfino come l'Arborio o il Carnaroli. Assolutamente inadatti invece il riso comune, così come i risi a chicco lungo asiatici o americani, Parboiled, Basmati ecc), 1 L di brodo, 50 gr di burro, 1 cipolla piccola, 1 dl di vino bianco secco oppure di vino rosso per il risotto giallo, eventualmente una bustina di zafferano, 30 gr di parmigiano grattugiato, sale.

Sciogliete metà del burro in una padella a bordi alti e unite la cipolla finemente sminuzzata, lasciando appassire a fuoco moderato. Versate il riso nel soffritto e alzate leggermente la fiamma. Mescolate per 1 minuto circa. Alla fine, i chicchi di riso dovranno assumere un aspetto traslucido. Versate il vino. Per il risotto alla parmigiana e in generale tutti i risotti chiari si usa vino bianco. Per il risotto giallo oppure, per esempio, quello al radicchio trevisano, potete adoperare un vino rosso corposo. Quando quasi tutto il vino è stato assorbito dal riso, aggiungete il brodo. Il brodo deve essere bollente per non fermare ogni volta la cottura del risotto. E' bene salare il brodo in anticipo, che si tratti di brodo di dado o casalingo.

Aggiungete eventuali altri ingredienti dopo circa 5 minuti di cottura.

Continuate ad aggiungere brodo a misura che quello precedente è stato assorbito. Se non volete passare tutto il tempo davanti al fornello, potete versarlo quasi tutto fin dall'inizio e mescolare di tanto in tanto. Assaggiate il riso dopo circa 15 minuti: la cottura dovrebbe essere al dente, cioè si deve sentire "l'anima" dei chicchi ancora resistente sotto i denti, senza però che risulti sgradevole.

Il tempo esatto di cottura varia a seconda della qualità di riso usato. Aggiustate eventualmente di sale e mantecate il risotto: spegnete la fiamma e unite il burro rimasto e il formaggio grattugiato. Mescolate e lasciate riposare per 2 minuti. Un buon risotto deve alla fine risultare cremoso e non troppo asciutto.

Varianti:

Potete aggiungere cuori di carciofi lessati e tagliati a dadi, asparagi lessati e tagliati a pezzi, radicchio trevisano (da unire tagliato a striscioline prima di versare il vino), spinaci o erbette (bietole) lessate e frullate. Potete preparare un misto di verdure cotte con una salsa di pomodoro e unirle a metà cottura.

Al fumo: assieme alla cipolla aggiungete sul fondo dei dadini di pancetta affumicata e sostituite parte o tutto il formaggio con scamorza o provola affumicata o mozzarella di bufala.

Per variare un risotto bianco o giallo, sostituite il parmigiano con Taleggio a dadini.

Per ottenere un risotto cremoso che piaccia ai più piccoli, unite alla fine un formaggio cremoso come la Robiola o la Crescenza.

Si può aggiungere, sempre sul fondo, un po' di salsiccia e aggiungere a metà cottura dei pisellini o dei fagioli borlotti lessati.

Ci sono poi i risotti al profumo di mare: basta aggiungere a metà cottura dei gamberi : tagliate delle code di gamberi crude a pezzetti e fatele cuocere per pochi minuti in padella con un po' di burro e di aglio sminuzzato. Alla fine, al posto del formaggio, aggiungete un cucchiaio di prezzemolo tritato.

Se avete un avanzo di seppie e piselli, usatelo per un sostanzioso risotto di terra e mare. Sempre senza formaggio, però.

Polpettine di riso

E' la versione semplificata degli arancini siciliani (supplì). Prelevate una cucchiaiata di risotto e rotolatela rapidamente fra le mani umide per ottenere una pallina. Passate prima nella farina, poi nell'uovo intero sbattuto e infine nel pangrattato. Friggete in abbondante olio per fritti e scolate su carta assorbente. Buonissimo da solo, oppure accompagnato con una insalata...

Volendo, prima di impanare, potete spingere un pezzetto di formaggio (mozzarella per esempio) al centro della pallina di riso.

Oppure fate una frittata di riso, aggiungendo al risotto lo stesso volume di uova sbattute con sale e cuocendo come una normale frittata.

Sformato di riso

Ingredienti per 4 persone: 250 gr di riso, 1 cipolla piccola, mezzo bicchiere di vino rosso o bianco, 1 bustina di zafferano, brodo, 100 gr di mozzarella di bufala, 30 gr di Parmigiano o Grana grattugiato, 2 uova, 30 gr di burro, sale.

Scaldate metà del burro in un tegame e fatevi appassire la cipolla sminuzzata senza farla colorire. Unite il riso e lasciate tostare per 1 minuto, quindi bagnate con il vino. Quando il vino è stato assorbito, unite del brodo bollente nel quale avrete diluito lo zafferano e un cucchiaio raso di sale.

Dopo circa 15 minuti, controllate la cottura del risotto: se necessario, aggiungete altro brodo.

Quando il riso è al dente, spegnete il fuoco e unite il burro rimasto e il formaggio. Mescolate bene e lasciate intiepidire per 10 minuti.

Unite a questo punto le uova sbattute e trasferite in 4 stampini imburrati.

Cuocete a bagnomaria nel forno preriscaldato a 190° per 30 minuti. Servite con ragù di carne, oppure con una fonduta di formaggio.

Ragù di carne *(particolare)*

Ingredienti per circa 10 porzioni: 250 gr di carne di manzo macinata, 250 gr di salsiccia spellata, 1 carota, 1 costa di sedano, 1 cipolla, 2 spicchi d'agli, 2 dl di vino rosso, 2 cucchiai d'olio d'oliva, 20 gr di burro, 1 scatola di polpa di pomodori o di pelati (oppure la polpa di 1 kg di pomodori freschi), 50 gr di concentrato di pomodoro, sale, pepe.

Sbucciate la cipolla e la carota e sminuzzatele finemente assieme al sedano. Sminuzzate anche l'aglio ma tenetelo separato.

Scaldate l'olio in una grande padella a fuoco vivo e rosolate le carni, schiacciando ripetutamente con una forchetta per disfare bene i grumi. Lasciate cuocere fino a quando la carne non è più rosata e bagnate con il vino. Lasciatelo evaporare quasi del tutto (se in casa avete del vino bianco aperto potete usare quello).

Nel frattempo, scaldate il burro in una casseruola a fondo spesso su fuoco medio. Fate appassire il soffritto per circa 10 minuti senza farlo colorire troppo. Unite a questo punto l'aglio e, dopo pochi istanti, la carne con l'eventuale liquido rimasto nella padella.

Salate, pepate e unite la polpa dei pomodori mescolata con due volte il suo volume di acqua (basta riempire due volte la lattina) e il concentrato. Mescolate bene e fate riprendere l'ebollizione.

Abbassate il fuoco al minimo (può essere utile usare uno spargifiamma oppure trasferire la casseruola su una piastra elettrica) e lasciate cuocere per circa 1 ora e mezzo, 2 ore: il ragù è pronto quando ha assunto un bel colore ambrato e non ci sono più tracce di acqua nella casseruola.

Nota:E' ovviamente perfetto per condire la pasta fresca (tagliatelle, maltagliati), gli spaghetti e tutti i formati di pasta piuttosto grossi (maccheroni, conchiglioni) e per preparare le lasagne.

Provatelo però anche con la polenta, su crostoni di pane o con il riso lessato.

Ragu' napoletano

Ingredienti per 4 persone: un pezzo di carne di manzo intero (girello, magatello oppure un altro taglio per brasato) di circa 800 gr, 50 gr di prosciutto crudo in una fetta, 50 gr di pancetta dolce tesa, 100 gr di concentrato di pomodoro, 200 gr di passato di pomodoro, 200 gr di mozzarella di bufala, 1 cipolla media, 1 spicchio d'aglio, 50 gr di lardo, 50 gr di strutto, 4 cucchiai d'olio d'oliva, 2,5 dl di vino rosso, sale, pepe, prezzemolo tritato.

Tagliate il prosciutto e la pancetta a strisce e rotolatele nel prezzemolo tritato. Praticate dei tagli profondi nella carne con la punta di un coltello e introducetevi le strisce. Legate la carne con spago da cucina.

Scaldate lo strutto (in alternativa, usate burro o margarina) con l'olio in una casseruola a fondo spesso o, meglio ancora, in una pentola di terracotta sistemata su uno spargifiamma. Fatevi rosolare la carne su tutti i lati. Quando la carne è ben dorata, gettate nella casseruola il lardo, l'aglio e la cipolla sminuzzati. Salate, pepate e abbassate il fuoco al minimo e lasciate cuocere per circa 3/4 d'ora, o finché la cipolla avrà preso colore.

Versate a questo punto il vino rosso a poco a poco, aspettando ogni volta prima di versarne di nuovo che il precedente sia evaporato. Dopo circa 1 ora, quando avrete esaurito tutto il vino, versate nella casseruola il concentrato di pomodoro. Mescolate bene e lasciate cuocere per 20 minuti.

Unite a questo punto, a poco a poco come avete fatto per il vino, il passato di pomodoro. Vi occorrerà ancora circa 1 ora 1/4 . Durante la cottura, se il sugo dovesse asciugarsi troppo e minacciare di bruciare, aggiungete un po' di acqua bollente.

A fine cottura, dovete ottenere un sugo denso e scuro, sufficiente per condire almeno 350 gr di pastasciutta o anche di più. Controllate e aggiustate eventualmente di sale.

Servite il ragù con pasta a scelta (ziti, bucatini, spaghetti, maccheroni, fusilli lunghi ecc) e cospargete sui piatti la mozzarella tritata.

Riso pilaf con zucca mozzarella di bufala e salsiccia

Ingredienti per 4 persone: 200 gr di salsiccia, 200 gr di mozzarella di bufala, 100 gr di bacon a fette (o pancetta affumicata), 300 gr di riso basmati, 300 gr di zucca, 1 cipolla piccola, 9 dl di brodo di carne, 20 gr di burro, 1 cucchiaio d'olio d'oliva, sale, pepe, qualche foglia di salvia.

Versate l'olio d'oliva in una padella piuttosto grande a bordi alti (oppure una casseruola con le stesse caratteristiche) e scaldate a fuoco medio. Fatevi dorare le fette di bacon tagliate a pezzi e la salsiccia spellata e disfatta a bocconcini. Lasciate dorare bene il tutto e spingete le fette di bacon sul lato. Aggiungete il burro, abbassate la fiamma e fate appassire la cipolla affettata.

Quando la cipolla inizia a dorare, mescolate il tutto e versate il riso. Unite la zucca tagliata a bastoncini e 2 o 3 foglie di salvia a striscioline. Coprite con il brodo caldo e aggiungete poco pepe e un cucchiaino di sale. Coprite e lasciate cuocere a fuoco moderato per circa 12 minuti, senza mescolare. Verso la fine della cottura, aggiungete la mozzarella tagliata a piacere o tritata, controllate che il riso non si asciughi troppo e aggiungete eventualmente qualche cucchiaiata di brodo caldo. Quando il riso è cotto e ha assorbito tutto il brodo, controllate il condimento e mescolate delicatamente. Servite su piatti caldi, eventualmente con una macinata di pepe nero.

Sformati di riso zucca e mozzarella di bufala

Ingredienti per 4 persone: 300 gr di riso per risotti, 150 gr di mozzarella di bufala, 150 gr di polpa di zucca, 1 bustina di zafferano, 1/2 cipolla, 20 gr di burro, 1 bicchiere di vino bianco, brodo, sale.

Scaldate il burro in una casseruola e fate appassire la cipolla sminuzzata senza farla colorire.

Unite il riso e lasciatelo tostare per 1 minuto circa. Bagnate con il vino e lasciatelo assorbire.

Unite la zucca tagliata a dadini, lo zafferano, salate e bagnate con 1/2 litro di brodo bollente e cuocete per 18 minuti circa, aggiungendo se necessario altro brodo e mescolando di tanto in tanto.

Quando il riso è al dente, spegnete la fiamma e unite metà della mozzarella tagliata a dadini.

Mescolate bene e riempite 4 stampini imburrati. Lasciate riposare per 10 minuti, quindi capovolgete gli sformati su una teglia da forno imburrata. Distribuite la mozzarella rimasta sulla superficie degli sformati e passate per 2/3 minuti nel forno ben caldo.

Tagliatelle con polpettine e piselli

Ingredienti per 4 persone : 200 gr di manzo lessato magro, 2 uova piccole, 2 fette di pancarrè, qualche rametto di prezzemolo, 1 spicchio d'aglio, 150 gr di piselli surgelati, 300 gr di tagliatelle, 250 gr di polpa di pomodoro, 200 gr di mozzarella di bufala, 1/2 cipolla piccola, 4 cucchiai d'olio d'oliva, sale, pepe, formaggio grattugiato per servire.

Macinate finemente la carne lessa o tritatela in un robot da cucina.

Unitevi il pane sbriciolato, metà dello spicchio d'aglio tritato e il prezzemolo tritato. Mescolate bene e condite con sale e pepe.

Formate delle polpettine grosse come nocciole e friggetele in 2 cucchiai d'olio.

Nel frattempo, lessate i piselli in acqua salata.

In un'altra padella, versate l'olio rimasto e fatevi dorare l'altra metà dello spicchio d'aglio.

Scartatelo quando ha preso colore e versate nella padella la mezza cipolla finemente sminuzzata.

Quando è leggermente dorata, versate la polpa di pomodoro e lasciate cuocere piano per 5 minuti.

Unite quindi i piselli e le polpettine, salate e proseguite la cottura per circa 10 minuti o finché il sugo ha raggiunto la giusta consistenza.

Lessate le tagliatelle e scolatele al dente. Condite subito con il sugo e servite con i dadini di mozzarella, con il formaggio grattugiato e pepe a piacere.

Risotto con funghi porcini mozzarella di bufala e salsiccia

Ingredienti per 4 persone: 300 gr di riso, 40 gr di burro, 150 gr di funghi porcini, 100 gr di salsiccia, 150 gr di mozzarella di bufala, 30 gr di Parmigiano grattugiato, 1 cipolla piccola, 1 spicchio d'aglio, 1 bicchiere di vino bianco, 1 L di brodo, prezzemolo, sale, pepe.

Pulite i funghi e tagliateli a fette. Sminuzzate la cipolla e l'aglio e, separatamente, il prezzemolo. Spellate la salsiccia e disfatela a pezzettini. Scaldate il brodo e salatelo.

Scaldate metà del burro in una casseruola a fondo spesso e fatevi soffriggere il trito di cipolla e aglio. Quando sono ben appassiti, unite i funghi e lasciate cuocere per circa 5 minuti. Unite ora la salsiccia e lasciate dorare leggermente. Unite il riso e mescolate per un minuto prima di bagnare con il vino.

Quando quasi tutto il vino è stato assorbito, aggiungete il brodo regolarmente. Quando il riso sarà pronto e cioè al dente, controllate il sale e unite il burro, la mozzarella e il formaggio.

Mescolate bene, spegnete e lasciate riposare per 2 minuti prima di servire. All'ultimo momento, unite il prezzemolo e, a piacere, un po' di pepe macinato al momento.

Pane dorato con mozzarella

Per 6 persone: pane, 150 gr di mozzarella di bufala, 50 gr di prosciutto, 6 acciughe, farina, latte o brodo, 2 uova sbattute, strutto per friggere, sale.

Si tagliano delle fette di pane non troppo bucherellato in larghi pezzi quadrati o rettangolari, si toglie la crosta e con un coltello tagliente si apre la fetta senza però separare le due parti.

Si mette nell'interno qualche fettina di mozzarella e qualche fettina di prosciutto o qualche acciuga.

Si infarinano leggermente i cuscinetti, infarinando anche l'apertura, si tuffano per un attimo in un po' di brodo tiepido o latte e si allineano in un piatto largo ricoprendoli di uova sbattute.

Si lasciano così almeno un'ora affinchè possano ben impregnarsi di uovo e poi si friggono, pochi allla volta, nello strutto bollente.

Si lasciano sgocciolare, si spruzzano leggermente di sale e si accomodano in un piatto con salvietta. Vanno serviti caldissimi.

Fagottini con acciughe e mozzarella

Per 6 persone: 500 gr di farina, 20 gr di lievito di birra, sale, pepe, 1 bicchiere e mezzo di acqua, 100 gr di mozzarella di bufala, 5 acciughe, 1 cucchiaio di prezzemolo trito, olio o strutto per friggere. Facoltativo: salsa densa di pomodoro, aglio, basilico.

Disponete a fontana sulla tavola la farina e nel vuoto mettete il lievito di birra, un pizzico di sale e pepe.

Avrete messo a scaldare l'acqua e, quando questa sarà appena tiepida, servitevene prima per sciogliere il lievito e poi per impastare questo con la farina.

Regolatevi che la pasta deve risultare piuttosto morbida. Lavoratela energicamente e quando sarà bene elastica fatene una palla, mettetela in una terrinetta spolverizzata di farina, copritela, portatela in un luogo tiepido e lasciate che lieviti per un paio d'ore.

Quando la pasta sarà ben rigonfia, rovesciatela sulla tavola infarinata, prendetene, uno alla volta, dei pezzetti grossi come un uovo, allargateli tirandoli con le mani e foggiatene delle pizzette sottili che disporrete allineate sulla tavola.

Mettete in un piatto la mozzarella tagliata in dadini, le acciughe, lavate, spinate e fatte in pezzettini, il prezzemolo trito, sale e abbondante pepe. Mescolate ogni cosa e distribuite questo ripieno sulle pizzette.

Ripiegate, poi, in due ogni pizzetta, chiudendo il ripieno nell'interno e pigiando con le dita sugli orli perché la pasta possa attaccarsi bene.

Fate attenzione che questi fagottini non si buchino, altrimenti il composto interno andrebbe perduto durante la cottura.

Friggeteli pochi alla volta nell'olio o nello strutto bollente.

I fagottini devono stare in padella soltanto pochi secondi, il tempo di colorirsi.

Una lunga permanenza nella padella e una frittura non sufficientemente calda, li farebbero diventare pesanti.

Vanno serviti caldissimi e sono eccellenti ma possono diventare migliori se accompagnati con una salsiera di salsa di pomodoro densa, fatta con olio e aglio e ultimata con qualche fogliolina di basilico trita.

Fagottini con funghi e mozzarella

Per 6 persone: 300 gr farina, 25 gr lievito di birra, sale, olio, 50 gr funghi secchi, 200 gr mozzarella, 3 pomodori, basilico fresco.

Disponete a fontana sulla tavola la farina e nel vuoto mettete il lievito di birra, un pizzico di sale, due cucchiaiate di olio e un bicchiere abbondante di acqua tiepida.

Lavoratela energicamente e quando sarà bene elastica fatene una palla, mettetela in una terrinetta spolverizzata di farina, copritela, portatela in un luogo tiepido e lasciate che lieviti per un paio d'ore.

Mettete a bagno in acqua fredda i funghi. Quando saranno rinvenuti, risciacquateli e metteteli in una casseruola con qualche cucchiaiata di olio e un pizzico di sale. Ricopriteli con acqua tiepida e lasciateli cuocere fino a che l'acqua si sarà consumata. Poi toglieteli dalla casseruola, tritateli e metteteli in una ciotola insieme alla mozzarella tagliata in dadini.

Togliete la pelle e i semi ai pomodori, spezzettateli e fateli cuocere a fuoco vivace, con una cucchiaiata di olio, sale e basilico fresco tritato.

Quando anche i pomodori saranno pronti, aggiungeteli nella ciotola assieme ai funghi e alla mozzarella.

Quando la pasta sarà lievitata, rovesciatela sulla tavola infarinata, prendetene, uno alla volta, dei pezzetti grossi come un uovo, allargateli tirandoli con le mani e foggiatene delle pizzette sottili che disporrete allineate sulla tavola.

Ripiegate, poi, in due ogni pizzetta, chiudendo il ripieno nell'interno e pigiando con le dita sugli orli perchè la pasta possa attaccarsi bene.

Fate attenzione che questi fagottini non si buchino, altrimenti il composto interno andrebbe perduto durante la cottura.

Friggeteli pochi alla volta nell'olio o nello strutto bollente.

I fagottini devono stare in padella soltanto pochi secondi, il tempo di colorirsi.

Una lunga permanenza nella padella e una frittura non sufficientemente calda, li farebbero diventare pesanti. Vanno serviti caldissimi.

Risotto con olive e mozzarella

Dosi per 4 persone: 350 g. di riso superfino per risotti , 1 l abbondante di brodo anche di dado, 2 cucchiai di olio extra vergine d' oliva, 1 pezzetto di *cipolla, 1 spruzzata di vino bianco secco, 2 cucchiaiate di paté di olive verdi, 200 g. di mozzarella di bufala, 20 g. di burro, pepe.*

Mettete a bollire il brodo e tagliate a dadini la mozzarella.

Tritate la cipolla e soffriggetela in una casseruola insieme al burro e all' olio, unite il riso e, appena tostato, spruzzatelo con vino, rimescolando energicamente per farlo evaporare.

Proseguite la cottura, versando a mestoli, il brodo bollente e lasciandolo assorbire ogni volta.

A pochi minuti dalla fine, amalgamate al risotto il patè di olive e, prima di servire, la mozzarella e una generosa macinata di pepe.

Servite subito perché la mozzarella non deve fondere completamente.

Contorni

Insalata di frittata

Ingredienti per 4 persone: Per la frittata, 4 uova, 4 cucchiai di latte, 100 gr di mozzarella di bufala tritata, 1 cuchiaino d'olio. Per l'insalata, 200 gr di pomodorini, 1 grossa patata lessa, 3 cucchiai d'olio d'oliva, origano, sale.

Sbattete le uova con il latte, sale e la mozzarella. Cuocete in una padella unta con poco olio in modo da ottenere una frittata piuttosto alta.

Lasciate raffreddare e tagliate a dadi.

Trasferite in una ciotola con i pomodorini interi, la patata tagliata a dadini o rondelle, sale, origano e l'olio d'oliva.

Rotolo di frittata farcito

Ingredienti per 4 persone: 6 uova, 1 cipollotto, 2 cucchiai d'olio d'oliva, 50gr di formaggio grattugiato, sale. Per il ripieno : 100 gr di mozzarella di bufala, 100 gr di mortadella in una fetta, 100 gr di spinaci lessati, 100 gr di prosciutto cotto in una fetta, 50 gr di formaggio grattugiato, sale.

Tagliate la mortadella e il prosciutto a dadini e mescolateli con gli spinaci tritati, i due formaggi e un po' di sale.

Sbattete le uova con un cucchiaino di sale, 2 cucchiai di acqua e il formaggio grattugiato.

Scaldate una grande padella a fuoco medio con l'olio e, quando è calda, versatevi le uova.

Lasciate cuocere da un lato solo finché anche la superficie è quasi rappresa.

Distribuite il ripieno sull'omelette e arrotolatela con delicatezza per non romperla.

Avvolgetela in un foglio di stagnola e cuocete nel forno già caldo a 180° per circa 10 minuti.

Lasciatela raffreddare o anche solo intiepidire nel suo involucro e servitela tagliata a fette.

Rotolo di uova e erbette

Ingredienti per 4 persone: 8 uova di circa 60 gr, 5 gr di lievito di birra fresco, 70 gr di farina, 1,8 dl di latte, 30 gr di parmigiano o grana grattugiato, 10 gr di burro, 150 gr di erbette, 150 gr di ricotta fresca, 150 gr di mozzarella di bufala, 20 gr di pangrattato, sale, pepe.

Sbriciolate il lievito in una ciotola e diluitelo con il latte appena intiepidito. Unite la farina, 1 cucchiaino raso di sale e mescolate bene. Coprite e lasciate riposare per 30 minuti. Trascorso questo tempo, unite 4 uova intere, pepe e 1/3 del formaggio grattugiato. Lasciate riposare nuovamente per 30 minuti, coperto.

Nel frattempo, fate rassodare altre 3 uova e lasciatele raffreddare. Lavate bene le erbette e cuocetele per 10 minuti in una casseruola coperta con poca acqua sul fondo. Quando le erbette sono cotte, scolatele e strizzatele bene per estrarre l'acqua residua. Rompete l'uovo rimasto in una ciotola e unitevi il formaggio grattugiato rimasto, la mozzarella tritata e la ricotta. Salate, pepate e unite le erbette tritate e il pangrattato.

Scaldate il burro in una grande padella antiaderente su fuoco vivo e versatevi la pastella.

Abbassate il fuoco e lasciate cuocere per circa 10 minuti. Quando la superficie della frittata si è rappresa, giratela aiutandovi con un grande coperchio piatto. Cuocete brevemente dall'altro lato e trasferite su un grande piatto. Spalmate sui 2/3 della frittata il miscuglio di erbette, sistemate su un lato le uova sode sgusciate e arrotolate strettamente il tutto. Chiudete il rotolo in un foglio di carta stagnola e cuocete nel forno già caldo a 180° per 30 minuti.

Nota:Potete preparare il rotolo in anticipo e tenerlo da parte nel suo foglio di carta stagnola, cuocendolo in forno mezz'ora prima di servire. Accompagnate a piacere con insalatine primaverili.

Torta sfogliata di formaggio e asparagi

Ingredienti per 4 persone: 200 gr di pasta sfoglia già pronta, un piccolo mazzo di asparagi, 3 uova, 1 dl di latte, 1 dl di panna da cucina, 40 gr di Parmigiano grattugiato, 100 gr di mozzarella di bufala, sale, pepe. Eventualmente, 100 gr di prosciutto cotto o crudo.

Sciacquate bene gli asparagi sotto l'acqua corrente, tenendoli in una ciotola alta con le punte verso il basso per eliminare la terra spesso imprigionata nelle punte.

Pulite gli asparagi e raschiateli oppure spellateli delicatamente con un pelapatate. Togliete la base più dura e tagliate gli asparagi a tronchetti di 3 o 4 cm di lunghezza. Tenete le punte da parte e lessate il resto per 6 o 7 minuti in acqua salata. Unite le punte e spegnete dopo altri 5 minuti.

Stendete due terzi della pasta e tappezzate uno stampo non troppo grande. Sbattete le uova con sale, pepe e il formaggio grattugiato. Aggiungete il latte, la panna e eventualmente il prosciutto tagliato a listarelle. Versate il tutto sulla pasta e distribuite gli asparagi e la mozzarella a tocchetti. Coprite con la pasta rimasta e sigillate bene i bordi.

Cuocete nel forno già caldo a 180 gradi per circa 35 minuti. La torta è buona sia calda che tiepida.

Nota: Da sola, magari accompagnata con una insalata costituisce un pranzo leggero. Può anche sostituire un primo oppure un secondo.

Crocchette di patate

Per 4 persone: puré di patate preparato con 800 gr di patate, 100 gr di mozzarella di bufala, 2 albumi, farina, pangrattato, olio per friggere.

Quando preparate il vostro puré di patate, controllate che sia della giusta consistenza. Sarà forse necessario unire meno latte di quanto specificato nella ricetta.

Formate con il puré dei salsicciotti di circa 2 cm di spessore e tagliateli a tronchetti lunghi 6 o 7 cm.

Ponete all'interno un pezzettino di mozzarella.

Passateli prima nella farina, poi nell'albume leggermente sbattuto e infine nel pangrattato.

Friggete le crocchette in una padella per fritti a bordi alti con cestello o in friggitrice elettrica.

Togliete le crocchette quando sono dorate e servite subito.

Gratin di patate e cipolle con salsiccia e mozzarella di bufala

Per 4 persone: 800 gr di patate, 2 cipolle bionde piuttosto piccole, 100 gr di salsiccia, 150 gr di mozzarella di bufala, 1 spicchio d'aglio, 150 gr di formaggio di capra fresco, 4 dl di latte scremato, sale, pepe, 20 gr di burro.

Sbucciate le patate e tagliatele a fette piuttosto sottili. Sbucciate le cipolle e tagliatele a rondelle sottili, eliminando le estremità. Spellate la salsiccia. Tritate la mozzarella.

Tagliate lo spicchio d'aglio in due e strofinate con esso il fondo e le pareti di una pirofila.

Imburrate quindi leggermente la pirofila e disponetevi le fette di patate leggermente sovrapposte, intercalando fette di cipolle, mozzarella e pezzettini di salsiccia. Possibilmente, fate due strati sovrapposti.

Quando avrete esaurito gli ingredienti, versate tutto il latte nella pirofila (deve quasi ricoprire le patate), salate e pepate e distribuite sulla superficie il burro e la mozzarella.

Mettete la pirofila nel forno già caldo a 180°. Lasciate cuocere finché tutto il latte sarà stato assorbito e si sarà formato sulla superficie una bella crosta dorata (occorre circa 1 ora). Se la superficie dovesse scurire troppo, coprite la pirofila con un foglio di carta stagnola.

Nota: si tratta di un robusto contorno. Ma se aumentate le dosi, ottenete un ottimo piatto unico.

Peperoni ammollicati

Per 4 persone: 3 grossi peperoni carnosi, 150 gr di mozzarella di bufala, mezzo bicchiere d'olio d'oliva, 1 cucchiaio di pecorino grattugiato, 1cucchiaio di mollica di pane grattugiata (o pangrattato), 1 cucchiaio di capperi dissalati, sale, origano.

Tagliate i peperoni in 2 parti longitudinali e pulite bene l'interno, eliminando fili e semi.

Scaldate l'olio in una padella su fuoco alto e fatevi friggere i peperoni.

Quando sono teneri, eliminate metà dell'olio e riempite i peperoni con la mollica, la mozzarella tritata, il formaggio e i capperi. Unite una presa di sale e un po' di origano sbriciolato.

Lasciate insaporire per 10 minuti circa a fuoco moderato. Servite caldo oppure appena tiepido.

Polpette di zucchine

Ingredienti per 4 persone (12/15 polpette circa): 6 zucchine medie, 2 cucchiai d'olio d'oliva, 1 spicchio d'aglio, 100 gr di mozzarella, 4 cucchiai colmi di Parmigiano o Grana grattugiato, 70 gr di pane, 1 uovo, sale, pepe. Per friggere: farina, pangrattato e olio.

Spuntate le zucchine e tagliatele a dadini piccoli. Scaldate l'olio in una grande padella e fatevi soffriggere lo spicchio d'aglio sbucciato e leggermente schiacciato. Scartate l'aglio e gettate le zucchine nella padella.

Lasciate cuocere a fuoco moderato fino a quando saranno dorate. Se invece le preferite ancora verdi, lasciatele comunque asciugare bene proseguendo la cottura a fuoco basso.

Frullate le zucchine con un cucchiaino di sale e l'uovo. Trasferite in una ciotola e unite la mozzarella e il formaggio grattugiato, poco pepe e la mollica di pane sbriciolata. Per ottenere una consistenza giusta, che vi permetta de formare delle polpette, aggiungete se necessario altra mollica di pane. Considerate comunque che l'impasto rimarrà sempre un po' molle, anche perché se aggiungete troppa mollica le polpette diventano asciutte invece che belle morbide.

Formate le polpette e passatele in un miscuglio alla pari di farine e pangrattato. Potete a questo punto friggerle (senz'altro sono più buone) oppure allinearle su una teglia oleata e cuocerle nel forno già caldo a 200° fino a quando sono dorate.

Soufflé di patate

Ingredienti per 4 persone: 800 gr di patate, 200 gr di mozzarella di bufala, 200 gr di mortadella, 1 dl di latte, 3 uova, 50 gr di formaggio grattugiato a vostra scelta, burro per lo stampo, sale, pepe bianco, noce moscata.

Sbucciate le patate, tagliatele a dadi e mettetele in una casseruola. Aggiungete un cucchiaino di sale e coprite con acqua fredda. Portate a ebollizione e lasciate cuocere fino a quando sono tenere. Occorrono circa 20/25 minuti, raramente di piu'.

Scolatele e passatele allo schiacciapatate direttamente sopra una ciotola con il latte freddo.

Mescolate e unite i tuorli e il formaggio grattugiato. Mescolate subito e condite con sale, poco pepe e una grattata di noce moscata. Unite a questo punto gli albumi montati a neve ben soda con un pizzico di sale.

Versate una parte del composto in una pirofila unta con burro, sdraiate le fette di mortadella e mozzarella, versate il resto del composto, sollevate la superficie con il dorso di un cucchiaio per formare delle punte, oppure rigate la superficie con una forchetta se preferite.

Cuocete nel forno gia' caldo a 180 gradi per 25/30 minuti circa. Servite come contorno con carni e pesci.

Sformato di patate con Speck Fontina e mozzarella

Ingredienti per 4 persone: 1 kg di patate, 100 gr di Fontina, 100 gr di mozzarella, 100 gr di Speck a fette sottili, 20 gr di burro, 1 dl di panna, 3 dl di latte, sale, pepe, 1 cucchiaino di Parmigiano grattugiato.

Sbucciate le patate e tagliatele a fette di circa 3 o 4 mm di spessore. Mettetele in una pentola, unite una presa di sale e coprite con acqua fredda. Portate a ebollizione e lasciate cuocere per 5 minuti, quindi scolate delicatamente per non rompere le fette.

Imburrate generosamente una pirofila o, meglio, uno stampo da soufflé (a pareti alte e diritte).

Alternate strati di patate a fettine di Speck, di Fontina e di mozzarella. Ogni tanto, qualche fiocchetto di burro, pepe e una presa di sale, senza eccedere dal momento che Speck, Fontina e mozzarella sono già salati.

Mescolate il latte con la panna e versate sulle patate. Alla fine, spolverate la superficie con il formaggio grattugiato. Coprite con un foglio di alluminio e cuocete nel forno già caldo a 180 gradi per 45 minuti. Togliete l'alluminio e proseguite la cottura per un altro quarto d'ora circa, o fino a quando la superficie sarà dorata.

Potete servire direttamente dalla pirofila, a cucchiaiate, oppure rovesciare delicatamente il tutto su un piatto e tagliare a fette, come una torta.

Torta di patate mozzarella di bufala e zucchine al pesto

Ingredienti per 4 persone: 150gr di farina, 5gr di lievito di birra fresco (oppure circa 250 gr di pasta da pizza), 1 zucchina, 2 patate medie, 1 tuorlo, 1 cucchiaio di panna per cucinare, 100 gr di mozzarella di bufala, 1 cucchiaio di grana o parmigiano grattugiato, 1 cucchiaio di pesto, sale, olio d'oliva.

Stemperate il lievito in una ciotola con 1 dl d'acqua tiepida. Unite una presa di sale e un cucchiaio d'olio d'oliva. Unite la farina a poco a poco, mescolando prima con una forchetta poi con le mani.

Dovete ottenere una pasta di consistenza elastica, leggermente appiccicosa. Lavorate per alcuni minuti con le mani, quindi riponete in una ciotola capiente, coprite con un piatto e lasciate lievitare per 2 ore in un luogo tiepido.

Stendete la pasta con il mattarello su un piano infarinato fino ad ottenere una sfoglia piuttosto sottile. Ritagliatevi un disco di circa 25cm di diametro e sistematelo su una teglia da forno oleata. Nei ritagli di pasta, confezionate una treccia per decorare il bordo.

Sbucciate le patate e lessatele in acqua salata per 15 minuti, quindi scolatele e tagliatele a fette.

Lavate la zucchina e affettatela.

Mescolate il tuorlo con il formaggio, la panna e un po' di sale e spalmate sulla pasta.

Guarnite con patate, zucchine e mozzarella, spennellate la superficie con olio d'oliva.

Cuocete nel forno già caldo a 220 gradi finché la pasta sarà dorata. Durante la cottura, controllate che la pasta non si sollevi dalla teglia: in questo caso, bucate le bolle con la punta di un coltellino.

Togliete la torta dal forno, spalmatela con pesto e servite subito (potete anche servirla tiepida, ma non fredda).

Insalata di sedano mozzarella e noci

Ingredienti per 6 persone : 1 ceppo di sedano, 60 gr di gherigli di noci, 200 gr di mozzarella di bufala, 200 gr di pane a fette, 1/2 limone, 30 gr d'olio d'oliva extravergine, sale, pepe Lavate bene il sedano e staccatene le coste. Conservate le foglioline più tenere e scartate le altre. Affettate le coste il più sottilmente possibile per il lungo. Potete eventualmente adoperare un pelapatate. Mettete i nastri ottenuti in una insalatiera con le foglioline. Unite le noci grossolanamente tritate e la mozzarella afettine. Tagliate il pane a dadini e fateli dorare in una padella ben riscaldata a fuoco vivo e unta con poco olio. Unite i dadini di pane al sedano e condite con olio, succo di limone, sale e pepe. Rimestate bene e servite.

Parmigiana di melanzane

Ingredienti per 6 persone: 3 grosse melanzane, 250 gr di mozzarella di bufala, 700 gr di polpa di pomodoro in scatola oppure fresca, 2 spicchi d'aglio, 4 foglie di basilico, 50 gr di parmigiano grattugiato, 4 cucchiai d'olio d'oliva, sale.

Spuntate le melanzane e sbucciatele. Tagliatele a fette di circa mezzo centimetro di spessore. Si tagliano generalmente nella lunghezza ma, se non siete molto abili con il coltello, tagliatele tranquillamente a rondelle, è un po' più facile.

Sistemate le fette di melanzane in un grande ciotola, salando ogni strato. Occorre in tutto un cucchiaio colmo di sale fino: meglio non eccedere. Deponete sulle melanzane un piattino con un peso, per accelerare il procedimento. Dopo un'ora circa, strizzate le fette di melanzane tra le mani per eliminare più acqua possibile e asciugatele ulteriormente tra due canovacci.

Ungete appena una grande padella antiaderente con poco olio e fatevi cuocere le melanzane finché saranno dorate sui due lati.

Versate un cucchiaio d'olio in un pentolino e fatevi soffriggere gli spicchi d'aglio sbucciati e sminuzzati, senza far prendere colore. Unite la polpa di pomodoro e, dopo 10 minuti circa, quando la salsa non è più acquosa, spegnete la fiamma. Unite il basilico, salate e passate attraverso un passaverdure.

Ungete una pirofila e disponetevi un primo strato di melanzane, sistemandole una di fianco all'altra, senza sovrapporle. Non serve salare poiché le melanzane trattengono sempre un po' del sale della salagione.

Versate 2 cucchiai di salsa sulle melanzane e stendetela uniformemente con il dorso del cucchiaio. Cospargete con un po'di parmigiano, senza eccedere. Tagliate la mozzarella a fettine sottilissime e distribuitene alcune sopra la salsa.
Lasciatele distanziate tra di loro. Vanno bene tutti i tipi di mozzarella, ma è molto comoda quella per pizza, che rende meno acqua durante la cottura e inoltre si taglia più facilmente.

Procedete nello stesso modo fino a esaurimento degli ingredienti. L'ultimo strato deve essere di salsa, un po'più abbondante in questo caso, senza formaggio. Versate l'olio rimasto sulla superficie e cuocete la parmigiana nel forno già caldo a 200° per circa 45 minuti.

Note: Potete ovviamente grigliare le melanzane invece di friggerle: otterrete un piatto comunque molto buono ma assai più leggero, anche se già in questa ricette abbiamo usato pochissimo olio.

Potete servire la parmigiana appena tolta dal forno, ma è ottima anche tiepida oppure, in estate, a temperatura ambiente

 # *Pizze*

La focaccia

Per 6 persone: una porzione di pasta da pane già lievitata, sale, olio d'oliva.

Ungi una teglia di circa 20 x 30 cm con olio d'oliva senza eccedere. Allarga la pasta da pane nella teglia, tirandola con le mani fino a quando riempirà tutta la teglia.

Copri con un telo e lascia lievitare in un luogo al riparo dalle correnti d'aria per mezz'ora circa.

Fai ora tanti "pizzicotti" sulla focaccia (proprio così, pizzichi fra pollice e indice la superficie della pasta in modo che rimanga un piccolo rilievo).

Versa olio a filo (3 o 4 cucchiai) e cospargi con sale. L'ideale è usare sale grosso macinato al momento, non troppo fine.

Non eccedere, il sale sulla pizza è buono ma troppo sale nuoce alla salute...

Metti la teglia nel forno freddo e accendi a 220°. In questo modo la focaccia lieviterà molto e diventerà bella gonfia. Quando la superficie è bella dorata spegni il forno e togli la teglia dopo 5 minuti.

Con il formaggio 1: stendi metà della pasta nella teglia, copri con provola a dadini oppure sbriciolata o a fettine e copri con l'altra pasta tirata con il mattarello. Poi procedi come per la ricetta di base, con olio e sale.

Con il formaggio 2: distribuisci sulla superficie della mozzarella tagliata a dadini, poi procedi con olio e sale.

Si accompagna molto bene insieme a prosciutto o ruchetta.

Focaccine di patate con mozzarella

Per 6/8 persone: 400 gr di patate, 200 gr di mozzarella di bufala, mezzo cubetto di lievito di birra fresco, 1 dl di acqua, sale, circa 300 gr di farina.

Sbriciolate il lievito in una ciotola capiente e diluite con l'acqua tiepida. Unite un cucchiaino di sale e 1/4 della farina. Mescolate, coprite e lasciate riposare per mezz'ora.

Nel frattempo, sbucciate le patate, tagliatele a dadi e metteteli in un pentolino. Salate e cuocete le patate finché saranno tenere, quindi scolatele bene e passatela attraverso lo schiacciapatate direttamente nella ciotola con il lievito. Mescolate bene e unite la farina necessaria per ottenere una pasta da pane che lavorerete per qualche minuti su un piano infarinato. Coprite nuovamente e lasciate lievitare per almeno 2 ore.

Stendete la pasta su uno spessore di circa 1 cm e ritagliate tanti dischetti con un tagliabiscotti o il bordo di un bicchierino. Allineateli su delle teglie ricoperte con carta da forno e coprite con strofinacci. Lasciate lievitare per 1/2 ora. Prima di infornare aggiungete a guarnizione rotelline di mozzarella. Cuocete le focaccine a 190° per circa 10 minuti.

Nota: in questo modo ottenete tante focaccine, perfette anche per una festicciola di bambini o un buffet. Ovviamente potete stendere tutta la pasta in una teglia rettangolare e fare una unica grande focaccia.

La Pizza napoletana

Per 4 persone (1 teglia di circa 25 x 35 cm): 250 gr di farina, 10 gr di lievito di birra fresco, sale. Per guarnire, 150 gr di mozzarella di bufala, 1,5 dl di salsa di pomodoro, origano, sale, 1 cucchiaio d'olio d'oliva più altri ingredienti a scelta.

Sbriciolate il lievito in una ciotola capiente e bagnatelo con 1,5 dl di acqua tiepida. La temperatura dell'acqua è molto importante: se fosse troppo calda, ucciderebbe gli organismi vivi del lievito: è perfetta tra 35 e 40°: più o meno la temperatura delle dita.

Unite un cucchiaino raso di sale fino e un po' di farina per volta. Mescolate con una forchetta unendo la farina a poco a poco. La quantità di farina è indicativa. Continuate a lavorare con la forchetta finché riuscite.

Quando l'impasto diventa troppo denso per essere lavorato con la forchetta, continuate a lavorarlo a mano, unendo se necessario altra farina. Per maggiore comodità, potete lavorare la pasta direttamente nella ciotola. Occorre lavorarla per circa 10 minuti in modo da renderla elastica.

Lasciate riposare la pasta per 2 ore in un luogo tiepido al riparo dalle correnti d'aria, con la ciotola coperta. Un ottimo sistema è quello di chiudere la ciotola con la pasta in un sacchetto di plastica e lasciarlo semplicemente a temperatura ambiente. Ricordatevi però che la pasta gonfierà molto!

Stendete la pasta su un piano infarinato e spianatela con il mattarello oppure con le mani.

Adagiatela nella teglia e ritagliate i bordi eccedenti. Potete anche scegliere una teglia più

piccola per ottenere una pizza alta. La teglia può essere unta con olio ma la pasta poi tende a "scappare" verso il centro. Molto comodo usare carta da forno... In alternativa, si può ungere leggermente la teglia con burro freddo. Se preferite la pizza alta (tipo "al trancio", per capirci), dovete scegliere un contenitore un po' più piccolo.

Coprite la pasta con la salsa di pomodoro, livellandola con il dorso del cucchiaio. Usate una buona salsa, magari fatta in casa con il basilico, e mai la polpa pronta in scatola cruda, troppo acquosa.

Distribuite su tutta la superficie della pizza la mozzarella di bufala tagliata a dadini.

Aggiungete tutti gli altri ingredienti che avete scelto, a vostro piacimento. Alla fine, cospargete con origano secco sbriciolato, un po' di sale e versate per ultimo l'olio a filo. Cuocete nel forno già caldo a 250 per circa 8 minuti. Nel caso della pizza alta, lasciatela prima lievitare per 20 minuti quindi cuocete a 200° per circa 12/15 minuti.

Nota: una pizza sottile e croccante come in pizzeria è francamente difficile ottenerla in casa.

Infatti i forno dei pizzaioli cuociono la pizza per poco tempo a temperature elevate che nessun forno casalingo offre. Quindi in casa siamo obbligati a cuocere la pizza un po' più a lungo ma questo non ci impedisce di ottenere un buon prodotto. E' fondamentale non cuocerla troppo perché si secca e diventa sgradevole da mangiare. Con queste dosi e questa misura di teglia otterrete una pizza non sottilissima ma neanche alta.

Secondi

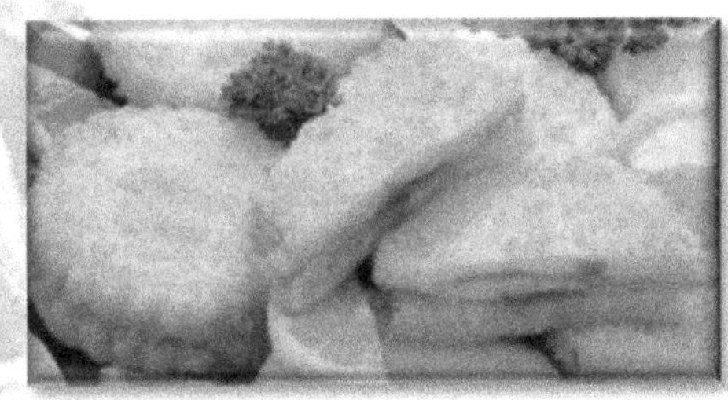

Pollo Cordon bleu

Per 4 persone: 4 fette di petto di pollo di circa 100 gr l'una, 100 gr di prosciutto cotto o crudo, 100 gr di provola, sale, pepe. Per impanare: 1 uovo, farina, pangrattato, olio per friggere.

Stendete una fetta di pollo su un foglio di carta da forno e coprite con altra carta. Schiacciate con il mattarello come per stendere la pasta oppure battete con il pugno chiuso o con un batticarne, fino ad allargare la fetta.

Guarnite con un po' di prosciutto, distribuendolo su metà della fetta di carne e lasciando i bordi liberi. Potete utilizzare, oltro al prosciutto cotto o crudo, anche dello speck o della pancetta, affumicata o meno.

Distribuite il formaggio a fettine sottili sul prosciutto. Anche lì, potete scegliere fra vari formaggi : scamorza affumicata, provola, ecc. Salate e pepate leggermente e ripiegate i 3 bordi intorno al ripieno. Generalmente non e' necessario pareggiare la fetta di carne, a meno che non sia veramente troppo irregolare. Ripiegate sul tutto il lato vuoto e chiudete con stecchini di legno. Se ci sono piccoli strappi nella fetta di carne, non preoccupatevi: sovrapponete leggermente i lembi e premete delicatamente con le dita.

Preparate le uova sbattendole con un po' di sale e di pepe in un piatto fondo. Passate i portafogli nella farina insistendo bene anche sui lati. Intingete i portafogli nell'uovo sbattuto e quindi nel pangrattato. A questo punto, potete anche togliere gli stecchini.

Friggeteli sui due lati in abbondante olio che non sia eccessivamente caldo: se la crosta esterna cuoce troppo rapidamente, l'interno rischia di restare crudo. Scolate e deponete su doppio strato di carta assorbente. Servite con una semplice insalata o verdure a scelta.

Nota: volendo, potete anche cuocere i portafogli in forno a 200 gradi, dopo averli deposti in una teglia leggermente oleata o addirittura su un foglio di carta da forno.

Gratin di puré e carne lessa con peperoni

Ingredienti per 4 persone: 1 kg di patate, 500 gr di manzo lesso (solo la parte magra), 1 cipolla media, 1 bicchiere di vino bianco, 1 bicchiere di brodo di carne, 30 gr di burro, 4 cucchiai d'olio d'oliva, 1 dl di latte, 200 gr di mozzarella di bufala, 50 gr di Parmigiano grattugiato, 1 piccolo peperone rosso, 1 piccolo peperone giallo, sale, pepe, noce moscata.

Preparate un puré di patate e unitevi il latte, il burro a fiocchetti e i due tipi di formaggio.

Durante la cottura delle patate, macinate finemente la carne (potete anche utilizzare un robot da cucina) e sminuzzate la cipolla sbucciata. Scaldate metà dell'olio in una padella e fatevi imbiondire la cipolla. Unite la carne, salate leggermente, mescolate e bagnate con il vino e il brodo. Abbassate il fuoco al minimo, coprite la padella e lasciate cuocere per circa 40 minuti, controllando che la carne non si asciughi troppo.

Mondate i peperoni e tagliateli a dadini minuti. Fateli saltare in padella nell'olio rimasto a fuoco vivo per circa 10 minuti finché saranno leggermente dorati.

Ungete una pirofila con burro e distribuite metà del puré di patate sul fondo.

Coprite con la carne e cospargete con i dadini di peperone, unite la mozzarella tagliata a larghe fette sottili. Coprite con il puré rimasto. Potete rigare la superficie con i rebbi di una forchetta oppure creare delle piccole "onde" con il dorso di un cucchiaio.

Cuocete il tutto nel forno caldo a 190° e servite quando la superficie sarà dorata.

Pollo farcito alla boscaiola

Ingredienti per 4 persone: 1 petto di pollo di circa 600 gr, 50 gr di speck, 100 gr di mozzarella di bufala, 20 gr di formaggio grattugiato, 20 gr di funghi porcini secchi, 1 scalogno, 1 rametto di rosmarino, 30 gr di burro, 1 dl di vino bianco, sale, pepe, farina.

Sciacquate i funghi e teneteli a bagno in acqua tiepida per 20 minuti, quindi strizzateli e tritateli finemente. Tritate nello stesso modo lo speck e mescolatelo con la mozzarella, i funghi, sale e pepe. Disossate il petto di pollo e incidete i due filetti in modo da ottenere delle "tasche".

Farcite le due tasche con il ripieno e chiudete bene con stecchini di legno oppure con ago e filo.

Scaldate il burro in una padella a fuoco medio e fatevi dorare i filetti di pollo infarinati.

Quando sono ben dorati sui due lati, gettate nella padella il rosmarino sminuzzato e lo scalogno affettato.

Lasciate appassire per 2 minuti e bagnate con il vino. Salate, pepate e coprite la padella, abbassate la fiamma e proseguite la cottura per circa 10 minuti per lato, aggiungendo se necessario poca acqua calda.

Polpettine di pollo al sesamo

Ingredienti per 4 persone: 1 petto di pollo di circa 500 gr, 2 uova, 100 gr di mozzarella di bufala, 30 gr di mollica di pane, sale, pepe, 1 cucchiaio raso di prezzemolo tritato, farina, pangrattato, semi di sesamo, olio per friggere.

Disossate il petto di pollo e tritate la carne e la mozzarella, mettete in una ciotola e unitevi sale, pepe, il prezzemolo, un uovo intero, e la mollica di pane sbriciolata.

Mescolate bene e formate delle polpettine di circa 2 cm di diametro. Passatele nella farina, poi nell'uovo intero sbattuto con sale e pepe e infine nel pangrattato mescolato con semi di sesamo.

Friggete per circa 10/15 minuti e deponete su carta assorbente. Potete presentare assieme alle polpette una ciotolina di ketchup.

Polpettone con i funghi

Ingredienti per 4 persone: 500 gr di carne di manzo tritata, 200 gr di mozzarella di bufala, 2 uova, circa 50 gr di mollica di pane (1 panino o 2 fette di pancarré), 1/2 dl di latte, 1 cipolla media, 2 carote, 1 spicchio d'aglio, 4 foglie di basilico, qualche rametto di prezzemolo, 100 gr di polpa di pomodoro, un bicchiere di vino bianco, 20 gr di funghi porcini secchi, 3 cucchiai d'olio d'oliva, sale, pepe, farina.

Tagliate la mollica del pane a pezzetti e inzuppatela nel latte. Preparate un battuto tritando insieme la cipolla, l'aglio, il basilico e il prezzemolo. Mettete i funghi in una ciotola di acqua tiepida per farli gonfiare.

Impastate la carne con le uova, il pane strizzato, metà del battuto e sale e pepe. Formate un polpettone di forma cilindrica e infarinatelo. Sminuzzate la carota e unitela al resto del battuto.

Aiutandovi con qualcosa di cilindrico e possibilmente cavo, create un buco da una parte all'altra del polpettone e man mano riempitelo con la mozzarella tritata mescolata con pepe macinato ed in grani. Potete chiudere i buchi aiutandovi con l'eccesso d'impasto.

Scaldate l'olio in una casseruola a fondo spesso, non molto più grande del polpettone, e rosolate il polpettone su tutti i lati, fino a quando sarà dorato. Gettate a questo punto il trito di verdure sul fondo della casseruola e lasciate appassire. Bagnate con il vino e lasciate evaporare quasi del tutto, girando ogni tanto, con delicatezza, il polpettone.

Unite a questo punto la polpa di pomodoro, un bicchiere di acqua, sale e pepe. Abbassate il fuoco al minimo, coprite e lasciate cuocere per circa 3/4 d'ora, girando la carne ogni tanto. 15 minuti prima della fine della cottura, aggiungete i funghi tritati e controllate il condimento.

Controllate durante la cottura che il fondo non asciughi troppo, altrimenti aggiungete acqua.

Servite il polpettone tagliato a fette piuttosto sottili (si taglia molto facilmente) con il suo sughetto.

Note: se lo preparate in anticipo, lasciatelo semplicemente raffreddare nel suo sugo e riponetelo in frigo in un contenitore ben chiuso. Lo potete conservare per 2 o 3 giorni, o anche congelarlo.

Basterà riscadarlo a fuoco basso. E' ottimo con un puré di patate o della polenta. Anche se non si usa molto il riso come contorno in Italia, provate ad accompagnarlo con riso basmati lessato.

Chi preferisce può cuocerlo in forno.

Rotolo di tacchino arrosto

Ingredienti per 4/6 persone: 1 pezzo di fesa di tacchino di circa 1 kg, 1/2 peperone rosso grigliato, 100 gr di pancetta dolce tesa a fette sottili, 100 gr di mozzarella di bufala, 6 belle foglie di salvia, 1 spicchio d'aglio, sale, pepe, 2 cucchiai d'olio d'oliva, 15 gr di burro, 1 dl di vino bianco.

Chiedete al macellaio che vi prepari la fesa di tacchino in una fetta grande. Sistematela su un tagliere e cospargetela con sale e pepe. Preparate un trito con la mozzarella la salvia e l'aglio e cospargetelo sulla carne. Spellate il peperone e tagliatelo a strisce. Sistematele qua e là sul pezzo di carne e arrotolate strettamente.

Avvolgete interamente il rotolo in fettine di pancetta e legate con spago da cucina.

Preriscaldate il forno a 180°. Ungete una pirofila con l'olio e rotolatevi il rotolo in modo che sia interamente unto. Distribuite quindi sulla superficie del rotolo il burro a fiocchetti e infornate. Lasciate cuocere per circa 1 ora 45', irrorando a metà cottura con il vino. Se il fondo di cottura dovesse asciugare troppo, aggiungete acqua o brodo durante la cottura.

Saltimbocca alla sorrentina

Per 4 persone: 600 gr di scaloppine, 100 gr di mozzarella di bufala, 8 piccole fette di prosciutto crudo, 8 foglie di salvia. 30 gr di burro, 4 cucchiai di vino bianco, sale.

Battete le fette di carne con il pestacarne, senza esagerare, oppure con il pugno chiuso.

Sistemate sopra ad ogni fetta una piccola fetta di prosciutto crudo, una sottile di mozzarella e una foglia di salvia. Fissate il tutto con uno stecchino di legno.

Cuocetele in padella su fuoco medio, con 40 gr di burro e poco sale, prima dalla parte del prosciutto poi dall'altra parte.

Quando la carne e' cotta, spruzzatela con il vino bianco e lasciate cuocere per 2 minuti.

Togliete i saltimbocca dalla padella e sistemateli in attesa su un piatto caldo. Versate qualche cucchiaio di acqua nella padella e fate deglassare su fuoco vivo per 1 minuto, quindi versate sulla carne.

Crostoni di uova e mozzarella

Ingredienti per 4 persone: 4 fette di pane(delle dimensioni del pancarré), 3 uova, 200 gr di mozzarelline di bufala a ciliegia, 1 cucchiaio d'olio d'oliva, sale, erba cipollina.

Fate tostare leggermente le fette di pane e accendete il grill del forno.

Scaldate l'olio con un cucchiaio di acqua in una casseruola antiaderente su fuoco moderato.

Unite le uova sbattute con sale e fate rapprendere piano, mescolando sempre con un cucchiaio di legno, fino a ottenere una consistenza cremosa, quasi liquida.

Spalmate le uova sulla fette di pane e distribuite le mozzarelline.

Fate gratinare sotto il grill per pochi minuti. Servite con un po' di erba cipollina tagliuzzata.

Frittata Contadina

Ingredienti per 4 persone: 2 patate grosse, 100 gr di salsiccia, 1 cipolla, 1 porro, 6 o 8 uova, 1 manciata di Parmigiano grattugiato, 100 gr di mozzarella di bufala, prezzemolo tritato, sale, pepe, 3 cucchiai d'olio d'oliva (oppure 30 gr di burro).

Sbucciate le patate, tagliatele a dadini e mettetele in pentola con sale e acqua fredda. Portate a ebollizione e lasciate sobbollire per circa 10 minuti o fino a quando saranno tenere, ma senza lasciarle cuocere eccessivamente.

Sbucciate la cipolla e tagliatela a fette sottili. Togliete la base e il verde del porro e tagliatelo a fette sottili. Spellate la salsiccia e disfatela a pezzettini. Sbattete le uova con un cucchiaino di sale, il formaggio fresco a tocchetti e il formaggio grattugiato. Scaldate una grande padella con metà del grasso scelto e fatevi rosolare la salsiccia. Quando e' dorata, unite cipolla e porro e abbassate la fiamma. Lasciate cuocere piano per circa 10 minuti o fino a quando il tutto sarà leggermente dorato.

Unite a questo punto le patate e lasciate cuocere a fuoco un po' più vivace per qualche minuto.

Mettete nella padella il grasso rimasto e versate le uova. Lasciate cuocere a fuoco moderato per circa 7/8 minuti. Alla fine, coprite in modo da far rapprendere la superficie.

Sollevate la frittata con una spatola per "scollarla" dalla padella. Fatela scivolare su un coperchio piatto, coprite con la padella e rovesciate con un colpo secco. Lasciate cuocere per qualche altro minuto.

Note: Ecco un ottimo piatto unico, da servire con un insalata o un verdure lessata.

Si tratta di una grande frittata... può essere conveniente cuocerne due, in due padelle: sarà più facile girarle.

Mozzarella fritta

Ingredienti per 4 persone: Mozzarella di bufala da tagliare a dadi oppure a spicchi, farina, uovo sbattuto, pangrattato, olio per friggere.

Tagliate la mozzarella a dadi di circa 2 cm di lato dopo averne fatto scolare l'eccesso acquoso.

Passate i pezzi di mozzarella nella farina, poi nell'uovo sbattuto e infine nel pangrattato.

Ripete un altra volta i passaggi per ottenere una doppia impanatura che creerà un guscio robusto ed impedirà la fuoriuscita dela mozzarella.

Friggete in olio caldo fino a quando la crosta esterna sarà dorata.

Omelette del Capitano

Ingredienti per 4 persone: 1 cipolla di Tropea piccola, 1 peperone rosso, 150 gr di prosciutto cotto in una sola fetta, 200 gr. di mozzarella di bufala, rucola, olio extra vergine di oliva, 6 uova, sale e pepe.

Tritare la cipolla e rosolarla in un po' d'olio, aggiungere il peperone ed il prosciutto cubettati e far andare a fuoco dolce finché il peperone non diventa morbido.

Togliere il preparato dalla padella e metterlo da parte in una tazza. Sbattere le uova salate e pepate, versarle nella padella (se necessario aggiungere un altro po' d'olio). Quando l'omelette è quasi cotta versare nel mezzo il preparato, unire la mozzarella tagliata a cubetti e spolverizzare

con un po' di rucola tritata. Chiudere l'omelette aiutandosi con due spatole di legno, cuocere ancora per qualche istante e servire con insalata cetrioli ravanelli rucola e cavolo cappuccio.

Torte salate con zucchine

Ingredienti per 4 persone: 400 gr di pasta sfoglia, 3 zucchine, ½ peperone, 250 gr di mozzarella di bufala, 200 gr di ricotta di bufala, 50 gr di parmigiano grattugiato, 2 uova, sale, pepe.

Tagliate le zucchine finissime e mettetele nello scolapasta con poco sale.

Tagliate finissimo anche mezzo peperone .Mettete nel fondo della pasta brisée le zucchine ed il peperone, ricoprite con le uova sbattute alle quali ho aggiunto metà della mozzarella, ricotta, parmigiano, sale pepe e qualche erba oppure spezia che possa legare bene e metto in forno ben caldo a 180 per 25/30 minuti. E' buona anche fredda.

Dolci

Torta di mozzarella e riso

Ingredienti: 1 l di bevanda di riso, 500 g di mozzarella di bufala, 200 g di zucchero, 100 g di riso, 100 g di mandorle pelate e tritate, 5 uova, 1 pezzo di cedro candito, la scorza grattugiata di 1 limone, 1 bicchierino di marsala, sale.

Preparazione: In una pentola versare il riso e la bevanda, aggiungere lo zucchero, la scorza di limone e un pizzico di sale. Portare a bollore e togliere dal fuoco. In una terrina sbattere le uova con le mandorle e il cedro candito tagliato a pezzettini; unire il composto al riso e mescolare. Versare il marsala, aggiungere la mozzarella precedentemente tagliata a pezzetti e porre il composto in una tortiera rivestita di carta da forno. Cuocere in forno a 200° per 50 minuti. Servire la torta appena si sarà raffreddata.

Casatiello

Ingredienti per 6/8 persone: 20 gr di lievito di birra fresco, 1 cucchiaino colmo di sale fino, 1 cucchiaino colmo di zucchero semolato, 500 gr di *farina, 30 gr di burro o strutto, 100 gr di salame a fette, 100 gr di provola, 30 gr di formaggio grattugiato, sale, pepe nero, 4 uova piccole.*

Stemperate il lievito con 3 dl di acqua tiepida in una grande ciotola. Unite il sale e lo zucchero e, a poco a poco, circa 450 gr di farina. Mescolate con una forchetta e, quando l'impasto diventa più consistente, con le mani.

Trasferite la pasta su un piano di lavoro infarinato e impastate con le mani per qualche minuto, fino ad ottenere una pasta liscia ed elastica. Rimettete la pasta nella ciotola, distribuite il burro a dadini sulla superficie, cospargete con un po' di farina e chiudete in un sacchetto di plastica.

Lasciate lievitare per 2 ore e impastate nuovamente la pasta per incorporare il burro.

Stendete la pasta sul piano infarinato e ricavatene un grande rettangolo. Tenetene una piccola quantità da parte per la decorazione. Distribuite sulla pasta il salame e il formaggio tagliati a dadini e cospargete con pepe e con il formaggio grattugiato.

Arrotolate la pasta e chiudetela a ciambella. Deponete la ciambella su una teglia coperta con carta da forno e lasciate lievitare, coperto con un canovaccio, per 1 ora. Affondate le 4 uova lavate nella pasta, chiudete con qualche nastro di pasta avanzata e mettete nel forno freddo.

Accendete a 240° e lasciate cuocere finché il casatiello sarà ben dorato. Abbassate la temperatura a 170° e proseguite la cottura per altre 30 minuti. Servite a temperatura ambiente.

Seadas campane

Ingredienti per 6 persone: ½ kg di provola, 50 gr di pecorino, 250 gr di semola fina di grano duro, 2 uova, qualche cucchiaiata di strutto fresco, la scorza grattugiata di 1 arancia, olio d'oliva, un pizzico di sale, il succo di ½ limone, zucchero o miele sciolto a bagnomaria.

La provola dev'essere più fresca possibile. Per renderlo ancora più morbido può essere immerso per circa 10 minuti in acqua bollente tolta dal fuoco. Va quindi strizzato e fatto sgocciolare.

Impastare la semola con le uova, il pizzico di sale sciolto in una cucchiaiata d'acqua e lo strutto. Lavorare bene la pasta fino a raggiungere una consistenza elastica e morbida: lasciarla quindi riposare.

Nel frattempo tritare la provola insieme al pecorino ed impastarlo poi con la scorza di limone ugualmente grattugiata. A questo punto riprendere la pasta e cominciare a tirarla, così da ottenere una sfoglia sottile: ritagliarla dunque in tanti dischi, usando l'apposita rotella o semplicemente la forma di una tazza.

Distribuire su un disco una buona quantità dell'impasto precedentemente preparato e sovrapporre un altro disco di pasta, saldandone bene i bordi. Per facilitare quest'operazione, si consiglia di inumidire leggermente gli orli da congiungere con albume d'uovo. Procedere al riempimento e la chiusura di tutti i dischi: le seadas sono pronte.

Friggerle quindi in abbondante olio d'oliva, ben caldo, per circa un minuto: le seadas devono risultare delicatamente dorate.

Vanno servite calde, dopo averle cosparse di zucchero o di un velo di miele liquefatto.

Torta al limone

Ingredienti per 4 persone: 400 gr di farina , 600 gr di zucchero, 1 bicchiere di latte, 2 bicchieri di succo di limone, 1 limone grosso, 1 bicchiere d'acqua, zucchero a velo, 150 gr di burro fuso, 6 albumi, 1 o 2 bustine di lievito in polvere, scorza grattugiata di limone.

In un recipiente impastare bene la farina, 200 gr. di zucchero, la scorza del limone grattugiata, il suo succo, il burro fuso e il latte. Montare a parte gli albumi a neve. Aggiungere all'impasto il lievito stemperato in un poco di latte e incorporare gli albumi a neve. Versate il composto in uno stampo per ciambelle rotondo (con circa 35 cm. di diametro), imburrato ed infarinato.

Mettere in forno caldo (circa 180 gradi) per 45 minuti circa. Nel frattempo preparare lo sciroppo al limone: fare bollire per 10 minuti 2 bicchieri di succo di limone e 1 bicchiere di acqua con 400 gr. di zucchero e la buccia grattugiata di 1 limone. Poi togliere dal fuoco e filtrare. Sfornare la torta bollente, toglierla dalla forma, cospargerla di zucchero a velo e spennellarla con il succo caldo. Lasciare raffreddare e servire quando la torta avrà assorbito tutto lo sciroppo.

Torta caprese

Ingredienti per 4 persone: 6 uova, 250 gr di burro, 250 gr zucchero, 250 gr di cioccolato fondente, 400 gr di mandorle, liquore Strega, 1 bustina di zucchero vanigliato.

Tritate le mandorle nel mortaio o con l'apposito tritatutto, senza farle in poltiglia. Tritare nello stesso modo la cioccolata. Sbattere con una forchetta i tuorli con lo zucchero e aggiungere del liquore. Montare a neve i bianchi e unire il tutto in una zuppiera con il burro sciolto a bagnomaria. L'impasto deve risultare di consistenza non troppo molle; se ciò si verificasse, aggiungere qualche biscotto sbriciolato. Disporlo in una teglia larga foderata con carta argentata e cuocere in forno a calore medio, per un'ora circa. Raffreddare, sfoderare, spolverare con zucchero a velo.

Piatti particolari

Fettuccine alla mozzarella

Ingredienti per 4 persone: 400 gr di fettuccine, 200 gr di mozzarella, 4 filetti di acciuga, 100 gr di burro, 50 gr di parmigiano grattugiato, sale, pepe.

Cuocere le fettuccine in acqua bollente. Tagliare la mozzarella a dadolini. Sciogliere il burro in tegame ed unire le acciughe. Unire le fettuccine e mescolare. Aggiungere dadolini di mozzarella. Mescolare su fuoco basso. Pizzico di pepe e parmigiano.

Sgonfiotti di Pomodori

Ingredienti per 4 persone: 20 pomodori ciliegini, 1 mozzarella, 2 filetti d'acciuga sottolio, pastella, basilico, olio, sale .

Lavate e asciugate i pomodorini. Con un coltellino affilato praticate un'apertura in corrispondenza del picciolo, eliminate i semi e, dopo averli spolverizzati di sale, capovolgeteli perché perdano un po' della loro acqua di vegetazione. Nel frattempo raccogliete in una ciotola la mozzarella tagliata a cubetti, otto foglie di basilico lavate e spezzettate, i filetti d'acciuga a pezzetti. Mescolate e riempite con questo impasto i pomodorini. Preparate la pastella per bignè, immergetevi via via i pomodorini e friggeteli in abbondante olio caldo. Asciugateli su carta da cucina e serviteli caldi.

Timballo di maccheroni con mozzarella

Ingredienti per 6 persone: 350 gr di maccheroni, 50 gr di formaggio grattugiato, 60 gr di burro, 250 gr di rigaglie di pollo, 100 gr di salsiccia, 30 gr di funghi secchi, 400 gr di pomodori maturi, 1 mozzarella, 1/2 cipolla, 1 spicchio d'aglio, pangrattato, sale .

Preparate il ragù: in una casseruola lasciate sciogliere il burro e insaporitevi aglio e cipolla tritati. Appena il trito ha assunto un colore leggermente dorato aggiungete le rigaglie di pollo pulite, lavate e tagliate a pezzettini, la salsiccia spellata e sminuzzata, i funghi già ammorbiditi in acqua calda e strizzati. Salate, mescolate e fate cuocere per alcuni minuti. Aggiungete i pomodori spellati, privati dei semi e tagliati a pezzetti, coprite e lasciate cuocere mezz'ora a fuoco moderato. Intanto tagliate la mozzarella a dadini. Lessate in abbondante acqua salata a bollore i maccheroni, scolateli al dente, conditeli con il ragù e lasciateli raffreddare. Quindi aggiungete la mozzarella e il formaggio grattugiato. Imburrate uno stampo dalle pareti piuttosto alte, spolverizzatelo con il pangrattato, riempitelo con i

maccheroni conditi, livellate la superficie e cospargetela con il pangrattato.
Mettete in forno preriscaldato a 180°C tenendovelo per circa 40 minuti.
Quando il timballo è ben dorato, ritiratelo, lasciatelo riposare alcuni istanti,
sformatelo sul piatto da portata e servitelo.

Dischetti di melanzana e mozzarella

Ingredienti per 4 persone: 2 melanzane, 1 mozzarella, passato di pomodoro,
olio, sale .

Tagliate le melanzane a fettine rotonde dello spessore di un centimetro o
poco più. Mettetele in uno scolapasta, salatele e lasciate che perdano
l'acqua amara di vegetazione. Lavatele, asciugatele e friggetele nell'olio
facendole dorare leggermente. Sgocciolatele e asciugatele su carta
assorbente. Tagliate a fettine la mozzarella. Su ogni fetta di melanzana
adagiatene una di mozzarella e, sopra, versate un cucchiaino di passato di
pomodoro. Mettete in forno preriscaldato a 180°C per alcuni minuti oppure
il tempo necessario perché il formaggio si sciolga uniformemente. Servite
caldo o freddo.

Conchigliette alla Mozzarella

Ingredienti per 4 persone: 400 gr di conchigliette, 300 gr di pomodori perini maturi, 200 gr di mozzarella, olio, basilico, 1 cucchiaio di capperi sott'olio.

Sbollentate i pomodori perini, spellateli e tagliateli a cubetti piccoli; riducete a dadini la mozzarella, sminuzzate a mano il basilico. Raccogliete tutto in una zuppiera e versatevi sopra le conchigliette lessate e appena scolate in modo che la pasta calda faccia fondere un minimo la mozzarella. Unite i capperi, mescolate e servite subito.

Crespelle ripiene

Ingredienti per 4 persone: 130 gr ricotta, sale, 4 uova, burro, 1 bicchiere di latte, 1 ciuffo di prezzemolo, pepe, 80 gr di farina bianca, passata di pomodoro, olio d'oliva, 2 mozzarelle.

In una terrina stemperare la farina con il latte, unire le uova, 2 cucchiai di parmigiano sale e pepe. Sbattere bene il composto. Mettere sul fornello la padella per friggere e bagnare il fondo con pochissimo olio; versare 2 cucchiai circa del composto preparato e cuocere la crespella da tutte e due le parti, toglierla e cuocerne una seconda continuare fino alla fine del composto.

Mettere la ricotta in una terrina unire la mozzarella tagliata a dadini, un cucchiaio di parmigiano e il prezzemolo tritato, amalgamare bene. Con questo preparato farcire le crespelle formando dei cannoli. Imburrare una teglia e metterci le crespelle, bagnare con il passato di pomodoro e un poco di olio, aggiustare di sale e mettere in forno a 180° per circa venti minuti, appena pronte servire.

Crostini alla napoletana

Ingredienti per 4 persone: 20 filetti d'acciuga, sale, burro, pepe, 2 pomodori maturi, 8 fette di pane casereccio, origano, olio d'oliva, 2 mozzarelle.

Lavare i pomodori, spellarli e tagliarli a filetti. Tagliare le fette di pane a metà e spalmarle con il burro. Su ogni fetta imburrata sistemare una fettina di mozzarella, un poco di pomodoro, un filetto d'acciuga, sale, pepe, un pizzico di origano e un filo d'olio.

Imburrare una teglia da forno sistemare le fette di pane e mettere in forno già caldo a 180° per circa 10 minuti.

Fusilli alla vesuviana

Ingredienti per 4 persone: sale, formaggio pecorino grattugiato, pepe, 400 gr di pomodori

maturi, origano, olio d'oliva, 1 mozzarella, 400 gr di fusilli.

Mettere sul fornello una pentola con acqua salata e quando comincerà a bollire versare la pasta. Versare l'olio in una casseruola, unire i pomodori sbucciati e tagliati a cubetti, la

mozzarella a fettine, il formaggio, il sale il pepe e una spolverata di origano lasciando cuocere fin quando non sarà pronta la pasta. Scolare i fusilli al dente e condirli con il sugo preparato, mescolare bene e mettere il tutto in una pirofila passandola in forno caldo per cinque minuti.

Servire immediatamente

Zucchini a scapece

Ingredienti per 4 persone: aceto, sale, 2 spicchi d'aglio, 6 zucchine, olio d'oliva, foglie di menta.

Dopo aver mondato e lavato le zucchine tagliarle a fette e farle asciugare in luogo tiepido.

Friggere le zucchine in olio caldo, girandole fino a che diventano brunite. Poi scolarle e metterle in un piatto fondo. Unire alle zucchine le foglie di menta e gli spicchi di aglio tritati.

Salare e unire abbondante aceto, quasi a coprire. Coprire il recipiente delle zucchine e metterle qualche ora in luogo fresco prima di servirle.

Carciofi con mozzarella

Ingredienti per 4 persone: 4 carciofi, 150 gr di mozzarella a dadini, 600 gr di spinaci, 2 filetti di acciuga, 4 cucchiai di pangrattato, 1 spicchio d'aglio, 2 cucchiai di parmigiano grattugiato, sale e pepe, 3 cucchiai di olio, 1 noce di burro, 8 foglie di basilico.

Monda gli spinaci, lavali e tritali finemente. Trita l'aglio con i filetti di acciuga e lascia soffriggere dolcemente il trito in una padella con l'olio, quindi aggiungi gli spinaci, falli insaporire e aggiungi il sale, il pepe e il basilico tritato. Pulisci i carciofi, dividili a metà e lasciali sbollentare per 5 minuti in acqua salata. Imburra una pirofila, versa qualche cucchiaio di brodo caldo sul fondo e adagiavi i carciofi. A questo punto riempili con gli spinaci e la mozzarella e cospargili con il parmigiano e il pangrattato. Inforna per 30 minuti a 180°.

Gnocchi alla sorrentina

Ingredienti per 4 persone: 400 gr di patate farinose, 150 + 100 gr di farina, 1 uovo, 50 gr di formaggio grana grattugiato, noce moscata.

Prepara sulla spianatoia 150 gr di farina. Lava le patate e mettile a bollire con la buccia per circa 10 minuti. Pelale ancora calde e passale subito con lo schiacciapatate sulla farina.

Aggiungi l'uovo, il formaggio e una grattatina di noce moscata. Impasta bene, aggiungendo altra farina sulla spianatoia, ma per poco tempo perchè assorbendone troppa diventerebbero gommosi. Dividi l'impasto in 4 parti che allunghi facendo rotollare col palmo delle mani sulla spianatoia bene infarinata, per ottenere dei cordoni dello spessore di circa un dito che tagli a pezzetti di 2 cm.

Volendo, gli gnocchi così preparati si possono schiacciare col dito sul rovescio della grattugia o su una forchetta.

A questo punto prendi 500 gr. di gnocchi di patate, 200 gr. di mozzarella, 150 gr. di formaggio grana grattugiato, 200 gr.di sugo di sugo di pomodoro, 2 pomodori maturi, basilico, origano.

Butta gli gnocchi a bollire in abbondante acqua salata e, a mano a mano che vengono a galla, prendili con una schiumarola e mettili in una bacinella leggermente oliata.

Prendi 4 terrine ed in ognuna verso un cucchiaio di salsa di pomodoro, poi a strati metti gli

gnocchi, la mozzarella tagliata a strisce, un cucchiaio di salsa di pomodoro, un poco di pomodori tagliati a dadini, qualche foglia di basilico, un pizzico di origano e una spruzzata di formaggio.

Ripassa ancora allo stesso modo con gli gnocchi, la mozzarella e gli ltri ingredienti.

Metti in forno già caldo a 150 gradi finchè il formaggio sarà ben gratinato. Appoggiaci sopra ancora un paio di foglie di basilico e servi in tavola.

 *Annotazioni*

Lightning Source UK Ltd.
Milton Keynes UK
UKHW010343101221
395336UK00001B/11